青春期女孩快乐成长必读书

QINGCHUNQI NÜHAI
KUAILE CHENGZHANG BIDUSHU

赵一 ◎ 编著

中国财富出版社

图书在版编目（CIP）数据

青春期女孩快乐成长必读书 / 赵一编著 . —北京：中国财富出版社，2016.4

ISBN 978-7-5047-6024-1

Ⅰ.①青… Ⅱ.①赵… Ⅲ.①女性－青春期－健康教育 Ⅳ.①G479

中国版本图书馆 CIP 数据核字（2016）第 005420 号

策划编辑	白　柠	责任编辑	白　柠		
责任印制	方朋远	责任校对	梁　凡	责任发行	邢小波

出版发行	中国财富出版社		
社　　址	北京市丰台区南四环西路 188 号 5 区 20 楼	邮政编码	100070
电　　话	010—52227568（发行部）	010—52227588 转 307（总编室）	
	010—68589540（读者服务部）	010—52227588 转 305（质检部）	
网　　址	http：//www.cfpress.com.cn		
经　　销	新华书店		
印　　刷	北京京都六环印刷厂		
书　　号	ISBN 978-7-5047-6024-1/G • 0639		
开　　本	710mm×1000mm　1/16	版　次	2016 年 4 月第 1 版
印　　张	15.75	印　次	2016 年 4 月第 1 次印刷
字　　数	257 千字	定　价	32.80 元

版权所有 · 侵权必究 · 印装差错 · 负责调换

前言
Preface

成长，是一个充满惊喜的过程。孩子一天天长大，他们感受着发生在自己身上的变化，父母也会每天都有新发现。这个过程幸福满满，但偶尔也会有担忧充斥其中。"孩子越大越不愿意和我交流怎么办？""孩子叛逆心越来越重怎么办？"……诸如此类的问题不仅让孩子烦恼，也困扰着父母。因为在长大这条路上，父母充当着指路人、心灵导师、倾诉对象、生理老师等多重身份。可以说，父母要做的功课往往比孩子更多。只有自己明白了，才能帮助孩子少走弯路。

对此，很多家长也很头疼，许多话不知道如何跟孩子说，有些问题甚至连自己也不知道确切的答案。有教育学家说，父母必须要和孩子共同成长，这样才能给孩子正确的指引。所以，想准确、快速地找到健康成长的密码，就快带孩子一起打开这本《青春期女孩快乐成长必读书》吧。

相信在这本书里，身为家长的你能找到许多答案，来帮助你解决孩子成长过程中一定会遇到的棘手问题。这本书基本涵盖了所有父母想让孩子明白的道理，尽可能将所有父母想对孩子说的话完整地表达了出来，帮助孩子认识世界，思考人生，健康成长。

具体而言，这本书有以下特点：

首先，这本书是专门针对青春期女孩成长的教育指导书，涉及女

孩在成长过程中可能会遇到的各种问题，包括情商品质、礼仪形象、安全教育、生理变化、心理秘密、学习能力等各个方面，能解答孩子诸多疑惑，帮助孩子健康成长。

其次，书中有一个叫果果的小主人公，全书就是以她的生活和学习以及与妈妈的对话为主线展开。阅读这本书，就仿佛在看果果的成长记录。果果活泼开朗，妈妈也是亲切自然地讲道理而非死板地说教，可以让孩子在轻松阅读中明白道理，开启心智，收获快乐。

最后，书中内容并非大而空的道理，实用性非常强。通过果果的经历，告诉女孩应该如何面对生活，如何变得优雅而有气质，如何兼具内在美和外在美。相信通过阅读本书，孩子一定会以更开阔的眼界、更柔软的内心、更健康的身体，迎接更加幸福的人生。

每个孩子的成长都是充满了迷惑和矛盾的过程，每一位父母都对成长中的孩子充满了种种担忧。本书正好能帮助孩子解开迷惑，帮助父母放下担忧。相信每个女孩都能从果果身上看到自己的影子，从而得到帮助，健康成长。

妈妈写给孩子们的话

我亲爱的孩子们，当你们翻开这本书的时候，相信你们正处在人生一个很重要的阶段。你们是不是也曾经无比期待长大，期待能像妈妈一样穿上漂亮的衣服，做自己喜欢的事情，享受这美好的世界呢？

长大是一个特别美好的过程，在这个过程中你们将会越来越了解这个美丽的世界，自身也会发生很多变化，变得更加漂亮，更加懂事，懂得也更多。但长大也是一件很麻烦的事情，你们会遇到一些之前你们可能完全不会考虑的问题，会被这些问题困扰，甚至为此烦恼不已。

我在这里想说的是，千万不要因为这些问题而灰心丧气，要对成长心怀憧憬和希望。有问题一定要及时跟爸爸妈妈沟通，不要自己胡思乱想。但是我也知道女孩子们的小心思，你们有自己的敏感和秘密，有一些可能不好意思跟爸爸妈妈说。那么这个时候，一本好书就很重要了，它既像导师又像朋友，能倾听你们的秘密，也能帮你们想办法出主意。怎么样，心动了吗？那就赶紧认真阅读手中的这本书吧。跟着你们的好朋友果果一起体验成长过程中的酸甜苦辣。当然了，如果你们愿意，我也很希望你们能和爸爸妈妈一起来阅读，这样能让你们有更多的交流，也能得到爸爸妈妈更多的帮助哦！

孩子们，希望这本书能陪伴你们长大，学会爱人也被世界所爱。

目录
Contents

第一章
吾家有女初长成——给悄悄变化的你

胸部变化的小秘密 / 002

甩不开的"大姨妈" / 004

不再当"满天星" / 007

怎么变成了"小毛孩" / 009

神秘的处女膜 / 011

安全度过青春期 / 013

第二章
长大后是另外一课——给满腹疑问的你

爸爸听我说，妈妈听我说 / 018

生活中的酸甜苦辣 / 020

我不是丑小鸭 / 022

女孩也会有"神经衰弱"吗 / 025

怎样管理自己的"小金库" / 027

受挫后要如何调适 / 029

我不是在故意唱反调 / 032

给多愁善感找一个出口 / 035

第三章
藏在心底的秘密——给躁动不安的你

一说话就脸红，我也觉得囧 / 040

面对异性，该怎么办 / 043

早恋，甜甜的苦涩 / 045

我就是要最出众 / 047

"危险年龄"是怎么回事 / 049

越来越在意别人如何看待自己 / 052

第四章
善待自己——给需要保护的你

自觉拉响安全警钟 / 058

安全出游小贴士 / 060

躲开那些不靠谱的"江湖术" / 063

不容忽视的急救小常识 / 065

做饮食安全小卫士 / 069

传染病的预防 / 071

第五章
腹有诗书气自华——给苦练"内功"的你

爱学习不如会学习 / 074

休息也是学习的一部分 / 076

读万卷书，行万里路 / 079

用最少的时间，收获更多 / 082

找准自己的方向 / 085

相信我能行 / 087

第六章
遇见最好的自己——给灵动聪颖的你

妈妈给我列的读书单 / 092

笔墨纵横间,满卷清朗气 / 095

用绘画直抒胸臆 / 097

独处时,享受音乐 / 100

舞动是张扬的青春 / 102

让闲适的生活充满惬意 / 104

第七章
出现的都是最好的——给独一无二的你

99%的忧虑实际上并不会发生 / 108

让坏习惯不再如影随形 / 111

为自己叫好 / 113

寻找生命中的阳光 / 116

我知足,我快乐 / 119

生活百味都需要品尝 / 121

挫折磨难亦值得感谢 / 124

第八章
满架蔷薇一院香——给渴望美丽的你

不当时尚的奴隶 / 130

让美生生不息 / 132

选最适合自己的 / 136

让肌肤净白无瑕 / 138

化妆是种缤纷的心情 / 140

有品位的女孩最美丽 / 142

第九章
小而弥坚，做最美的自己——给逐渐成熟的你

摒弃躁动，让心安稳 / 146

学会包容 / 148

温柔是一种武器 / 151

自己的情绪自己做主 / 154

寻找持久的美丽 / 157

我是颜色不一样的烟火 / 160

擦亮我的气质招牌 / 162

第十章
言事轻轻，而情谊满满——给细心周到的你

微笑，时刻准备的"见面礼" / 168

我很想拒绝 / 171

言谈中展现我的美丽 / 173

给人赞美，给人认同 / 176

我有我的社交圈 / 179

大家都夸我"人缘好" / 181

人脉，要的就是宽度 / 184

自制力——交往中的保险锁 / 187

第十一章
你若盛开，蝴蝶自来——给纯粹无瑕的你

善良的女孩人见人爱 / 192

谦卑是一种馨香的人格魅力 / 194

友爱别人就是善待自己 / 197

爱总是伴随着某种牺牲 / 200

做个纯粹的女孩 / 202

好女孩自食其力 / 205

我认输，但我不会服输 / 208

第十二章
长风破浪会有时，直挂云帆济沧海—— 给希望无限的你

为自己的梦想护航 / 212

没有一种工作叫随便 / 215

每天送给自己一个希望 / 219

让信念导演你的人生 / 222

理想与现实，向左还是向右 / 225

未来从现在开始 / 228
不要让机会溜走 / 231
不展翅就永远失去了飞翔的可能 / 234
换一种思维，换一片天空 / 236

第一章 吾家有女初长成
——给悄悄变化的你

胸部变化的小秘密

甩不开的"大姨妈"

不再当"满天星"

怎么变成了"小毛孩"

神秘的处女膜

安全度过青春期

胸部变化的小秘密

平时在家里，遇到困难我会向爸爸妈妈说，但是这几天我感觉有些不舒服，不敢告诉爸爸，也不敢告诉妈妈，只能自己忍着。

我的胸部最近总是感觉有一种轻微的胀痛，这是之前从来没有过的，别提多难受了。是不是我生病了呢？我不知道，也不敢和妈妈说，多不好意思啊。

不过，在私下里，我会和我的好伙伴媛媛说，她说有时她也有点疼。媛媛说这是正常的现象，女孩乳房发育的时候都会感到胸部有胀痛，而且有的还会有"痒痒"的感觉。媛媛说得特别肯定，我大吃一惊。奇怪，她是从哪里听到这些的呢？

听她这样一讲我的心中释然了许多：原来不只我一个人难受啊，这下我放心了。

这种疼痛究竟要持续多长时间呢？我特别想知道。

妈妈对我说

果果，看着你一天一天地长大，真的从心里为你感到高兴。

女孩进入了青春期之后乳房开始发育，在乳房发育的过程中会出现一些轻微、胀胀的疼痛或是痒痒的感觉，很像伤口结疤或愈合时的那种又痛又痒的感觉。不要怕，这是乳房生长过程中的正常现象，过一段时间就会好的。

不过，在这段时期要注意对乳房的保护。无论是在体育课上，还是在任何公共场所中，比如公交车上、商场里，小心不要让别人或坚硬的东西碰撞到乳房；在读书、写字的时候，身体要与桌子保持合适的距离，不要把前胸紧贴桌沿，以免挤压到乳房；当感觉乳房又疼又痒的时候，千万不要用手去捏或者去抓，防止伤害到乳房。

乳房发育的初期，是不需要佩戴文胸的。一般来说，当女孩子的乳房发育到乳头变得明显，跑动时会感到乳房摇动的时候，就说明她应该佩戴文胸了，保护逐渐发育的乳房。

可能在最开始，你对于佩戴文胸感到很不习惯，觉得穿戴起来太费事，而且穿上之后又不舒服。不过，妈妈还是希望你能够坚持佩戴，因为佩戴文胸有很多的好处。

如今市场上有各种不同材料的文胸可以选择，青春期时候的女孩子比较好动而且新陈代谢旺盛，建议你最好选择纯棉质地、透气性好、吸汗的文胸，这样不仅穿着起来很舒服，还可以防止汗液聚集。

至于文胸的尺寸，可以在购买的时候请售货员阿姨帮忙量一量，这样就可以选择合适的尺码。由于你这时的乳房还在发育，所以肩带的宽度不要窄于2厘米。

对了，有一个事情妈妈忘了提醒你，穿上文胸之后，每天晚上睡觉之前要记得把它摘下来，并做几次深呼吸和伸展运动，让胸部彻底放松。

果果的小心得

原来伴随成长而来的，还有这么多意想不到的烦恼啊。不过这些都是长大的体现，我不能因为嫌麻烦而忽略自己身体的变化，遇到不懂的问题一定要及时请教妈妈，这样我才能健康成长。

呵呵，我长大了。

甩不开的"大姨妈"

今天，我经历了一件重大事故：早上起床的时候发现内裤上面沾满了血！这是怎么回事？

过了大约半个小时，我隐约感觉到又在流血，赶快跑到卫生间里"观察"了一下：真的，流血没有结束，还在继续。

我忍不住惊慌害怕起来：这不会是什么不治之症的前兆吧？如果我死了怎么办？

想到这里，我拿出自己最心爱的大号史努比毛绒玩具，准备把它送给媛媛。

……

我哭着去找妈妈："呜呜，我下面流了好多血。"

妈妈看到我这副样子，不但没有着急，反而笑着说："果果，不要怕，没事的。"

嗯？在我正哭得投入的时候，妈妈这一句话让我感到很诧异，我好奇地望着妈妈。

"果果，这是正常的生理现象，每个女孩都会有。它的学名叫'月经'，每个月都会有一次出血。"

"那流的是血啊！"我还是有点难过，"如果血流没了怎么办？"

"不是，流出来的是废的血，对你的身体有好处。"妈妈耐心地为我解释。

听妈妈这样一说，我平静下来点了。

"果果,妈妈帮你把卫生巾垫上吧。"

"好。"

妈妈对我说

果果,估计你到现在也没有想明白为什么要有"月经"这种东西吧,让妈妈来告诉你。

女孩的身体中有一个器官叫作"子宫",就好比一个装东西的空房间。将来当你有一天怀孕生小孩的时候,子宫就是装未出世的婴儿的地方。但是现在,这个子宫一直都处于空闲的状态。我们平时在生活中都有这样的常识,当房间很久不住人的时候,就需要打扫,否则就会很脏。子宫也就好比是这个房间,隔一段时间就需要打扫一下。所以,子宫内膜的保护层每隔28天就会自动脱落排出,于是就造成了月经。对于"月经"的到访,你应该感到欣喜和高兴才对,根本用不着担心害怕。

大部分的女孩在11~15岁经历第一次月经,以后就会逐渐规律,每隔一个月左右就来一次。每个女孩的"月经周期"都不尽相同。

一般情况下,月经周期是从一次月经开始的日子,到下一次月经开始的那一天为一个周期,一般为22~32天,多数人约为28天。在月经期间,出血时间一般是3~7天,多数人是4~5天,其中第二天、第三天的出血量会比较多一些。

接受这个"新朋友"吧,以后每隔一个月左右,它便如约而至,和你相会。

在月经期间,很多女孩都会感到不同程度的下腹胀痛或腰部酸痛,这些是正常的现象。

在月经期间,由于子宫内壁的肌肉会不断收缩,以便排出萎缩脱落的子宫内膜和经血,所以在行经的第一天、第二天,会出现腹痛、腰痛等现象。在经期的后期,伴随着子宫内充血的减轻,这些不适的症状就会自然缓解了。

如果在月经期间感到腹痛的话,最便捷的方法是多喝热水或者姜糖水,也

可以在肚子那里放一个热水袋，躺在沙发或床上休息。在月经期间不要做剧烈运动，但是轻微的运动可以有助于排出子宫内的充盈物，缓解疼痛。需要注意的是寒冷、淋雨、洗凉水澡这些因素都会加剧腹痛，所以应该在经期尽量避免。

果果，关于选择卫生巾，妈妈还有一些想嘱咐你的内容，你要看仔细了啊。

1. 对于药物卫生巾，应谨慎购买使用

药物卫生巾可以对女性的私处起到保护的作用，防止妇科疾病的发生，但并不是每个人都适合。因为每个人的体质差异很大，有些人的皮肤接触到某些物质就会引发过敏。

在使用卫生巾时，还有很重要的一点需要你注意：在月经期间，卫生巾一定要经常更换，因为经血中有丰富的营养物质，容易滋生大量的细菌。

用过的卫生巾，千万不要丢到马桶里啊，把它包好放到垃圾箱里吧。

2. 卫生护垫不要经常使用

月经期的前后几天，卫生护垫不失为一种方便、实用、清洁的选择，但有的人习惯用卫生护垫，即使不在经期，也保持垫护垫的习惯，觉得这样比较干净卫生。其实这是一个误区，因为娇嫩的皮肤需要一个非常透气的环境，如果封闭得过于严实，使湿气聚集，就容易滋生病菌，造成各种健康问题。

果果的小心得

月经真的是我们每个女生的"好朋友"，我们一定要好好和它相处，这样才能保持生理健康。而且曾经有心理学家研究发现，世界上约有近一半的女性在月经期间会出现情绪上的变化，如情绪低落、心烦意乱、好发脾气、注意力不集中等。我们也要多注意，有效地控制这些症状，保持经期愉快。

不再当"满天星"

不知为什么,我的脸上新长出来很多红色半透明的疙瘩,用手摸一摸,有点痛。如果只是痛我也能忍,最烦人的是它让我"破相了",这些疙瘩密密地分布在我的脸上,同学都笑我,说我是"满天星"。

实在是气愤,怎么搞的!回到家,我闷闷不乐地告诉妈妈这一切,妈妈不但没有替我打抱不平,反而开心地笑了出来。

原来这种疙瘩叫青春痘,貌似不是青春年少的人还长不出来呢。

唉!

我只想要青春,不想要青春痘啊!

不行,从今天开始,我就立下了"誓言",和青春痘战斗到底!

果果,青春痘是青春的象征,也是走过青春的痕迹,为什么要怨恨青春痘呢?不要着急,让妈妈告诉你一些好方法,帮助你正确地去掉青春痘吧。

你现在正处在长身体的时候,新陈代谢的速度很快,皮肤大多数都是油性的,很容易形成油脂包,而油脂包会堵塞住毛孔,就逐渐形成了青春痘。

所以,对待青春痘,最好的方法就是要做好皮肤的清洁工作。

平时妈妈总是提醒你,洗脸一定要洗干净,洗仔细,不要像小花猫那样用手抹抹就算洗完了。否则的话,脸上会滞留很多的油脂和细菌,增加长青春痘的可能。

当脸上正遭遇青春痘的时候，应该在每天早晨起床后和晚上临睡前，认真彻底地清洁面部皮肤。要注意的是，选择清爽型的洁面乳对皮肤有益，尽量不要使用含有油脂的洁面乳。

如果脸上的"痘况"实在是很不乐观的话，你可以试试到药店去买一些药膏涂抹在发炎的部位，这样可以使发炎的部位变干，然后用凉水清洗干净。坚持每天用药膏清洗发炎部位，能帮助你的皮肤更快地恢复正常。

但是果果，一定不要自己去挤痘，通过"挤"的方法，可以使痘痘看起来小很多。但是不知道你注意过吗？挤过的痘痘，会在挤掉的地方出现一个小孔，为细菌的进入提供了捷径。我们的手通常都有细菌，空气中也有很多的灰尘和污染物。手上和空气中的细菌可以轻而易举地进入这些小孔，造成面部皮肤的感染，不仅不能达到祛痘的效果，还会使痘痘变得更红、更肿，严重的时候甚至会化脓，即便是伤口恢复后也常常会留下褐色的疤痕。

所以，挤痘实在是一件很危险的事情。

妈妈在年轻的时候也曾像你一样长过痘，当时妈妈的小伙伴中就有一个女孩很在意自己的"面子"，生怕别人看到她脸上的痘痘，所以经常用手去挤。这样做不仅使挤破的地方发炎，甚至还落下一个个小痘疤，别提多难看了。所以，妈妈也想提醒你，千万要管住自己的手，不要去挤脸上的痘，这一点很重要。

果果，如果以上这些你都能做到的话，相信不久后，青春痘会自然而然地远离你的。

果果的小心得

妈妈说得对，不要在心理上有压力，青春痘的出现是自然的生理现象，心地平和地接受现实，顺其自然就好了。毕竟，这是每个花季少女都无法躲开的，只要按照妈妈说的，注意卫生，规律作息，相信痘痘一定会不治自愈的。

怎么变成了"小毛孩"

很多人都羡慕我有一张洁白细腻的脸,有一次在学校与葱头一起吃饭,她一边吃饭一边赞美我:"果果,你的脸很白,也很细腻。"她很认真地对我说。

听到有人这样夸奖,我高兴地笑了笑。

"还有,你的牙齿很白,而且长得很齐。"葱头观察了一下,再次发言。

这下,我哈哈大笑起来:"我还有些什么优点,你一气都说了吧。"

"嗯,是这样,你的整张脸看上去都非常和谐。"葱头推了一下眼镜,很肯定地对我说。

哈!亲爱的葱头,以后你就是我的知己。

不过最近,我洁白细腻和谐的脸上出现了一些不好的东西——在鼻子下面,也就是嘴的上面,长出了很多细细的毛毛。这不禁让我联想起了爸爸脸上的胡子。

"哇!长胡子了!"

妈妈,快来救我,我长胡子了,怎么办?

妈妈对我说

果果,你脸上长出来的,不能叫作胡子,只是体毛比较重而已,这也是青春期发育的正常现象。

你之所以会长出所谓的"胡子",那是你身体内的雄性激素在起作用。

正常的女性，不只是分泌雌性激素，也会分泌少量的雄性激素促进女性特征的发育。在这些雄性激素的作用下，女性的面部就会长出毛毛。数据统计显示：在15～44岁的正常女性中，有30%的人有"小胡子"，9%的人面颊部分汗毛明显，6%的人面部两侧的毛发较重。

所以，这些都是正常现象，果果不要担心，这些变化不会影响到你的容貌。如果你不相信的话，可以去看看你的同学，她们肯定也有"小胡子"呢。

当然，这种"小胡子"的变粗也有可能是病理性表现，但是极为少见，而且会有其他的现象伴生：身体其他部位的体毛不断增加、额角的发鬓后缩、喉结突出、声音粗闷、阴蒂肥大、月经不调，这就很可能是卵巢功能异常，应该及时到医院检查。

除了"小胡子"之外，我们的身上都长有汗毛，而腋下和阴部这些地方长的毛则是又黑又长。

处于青春期发育阶段的女孩，由于体内激素的分泌不平衡，雄激素水平较高，刺激了毛囊，会使胳膊和腿上的汗毛很重，包括你的"小胡子"也会变得更重。于是，有些女孩夏天不敢穿裙子或短袖衬衣，并且还会想方设法消灭这些毛毛，甚至会担心自己是不是病了，整日忧心忡忡。

绝大多数身体多毛的女孩并非是病态，对身体健康也没有影响。如果想使局部的毛发暂时脱落或减少，最好是在医生或是家长的指导下使用正规厂家生产的脱毛膏，但这也是为了能够暂时去掉毛发，并不能根治。

一般来说，因为青春期激素分泌的不平衡造成的这种多毛现象，经过了一段时间，等到激素的分泌趋于稳定之后，体毛就不会再变重。而且随着年龄的增长，人的体毛也会慢慢减少，这是自然规律。

果果的小心得

听了妈妈的话我就放心多了，之前还真是担心自己长了小胡子呢。不过这件事情也提醒我，不懂的事情就一定要多请教，千万不能自己胡思乱想。

神秘的处女膜

"果果,你有没有发现,电视里有些情节我们看不懂?"花花神秘地问我。

"啊!"我觉得花花这话问得有点傻,"花花,难道你连电视都看不懂吗?这智商……"

"不是,我讲给你听。那个故事的情节是这样的,就是说一个女的和一个男的,他们结婚之后的第二天早晨,床单上什么痕迹都没有,然后那个男的就怒了,把那个女的大骂了一顿,还说她不规矩,不守妇道之类的。你说,这是为什么呢?"花花把故事的来龙去脉原原本本地讲给我听。

听花花这么一说,我也是一头雾水:"花花,这个我也不知道。"

"喷——"花花冲着我扮了个鬼脸,"居然说我智商低,你也不知道吧。"

面对花花的得理不饶人,我也只好继续装深沉。

不过,这个问题也勾起了我的好奇,究竟是个什么道理呢?

果果,如果你想解开上面的疑团,只需要找到一把钥匙,而这把钥匙,就是女性的处女膜。

处女膜属于女性生殖器官的一部分,在胎儿3~4个月的时候就已经开始出现,并在以后的日子里逐渐发育。处女膜位于女性阴道口与阴道前庭的分界

处,是环绕阴道口的一层薄膜状组织。处女膜中间通常会有一个小孔,当女孩子月经初潮到来以后,经血便是顺着这个小孔流出体外的。

这可不是一层简简单单的薄膜,它对女性的身体健康起着重要的保护作用。女孩子在进入青春期之前,生殖器官发育并不完善,阴道的黏膜较薄弱、酸度也较低,这时候很多有害物质很容易侵入体内,而这时候的处女膜虽然还比较小,但是很厚,这就能有效地阻拦细菌的侵入,对女性生殖器起到很好的保护作用。当然,当女孩子进入青春期后,生殖器官逐渐发育完善,阴道已经具有抵抗细菌侵入的作用了,而这时候的处女膜也变得大而薄,保护作用也就不明显了。

回到最初我们的疑问,床单上的血是从哪里来的呢?绝大多情况下,这是女性在第一次性行为之后处女膜破裂所导致的。长期以来,女性处女膜的完整性通常被认为是女性婚前贞节的证明,如果新婚后的床单上有血渍,则说明女性在新婚前依然是处女;反之亦然。因为处女膜破裂时会有血流出。那么,仅仅用床单上是否有血来验证女性是否为处女是否科学呢?

其实,这种验证方法是不科学的。因为每个人的处女膜都是不相同的,有些人的处女膜较厚且弹性很好,在第一次进行性行为时处女膜可能不会破。也有的人很特殊,根本没有形成处女膜,这一类人也被称为"石女",当然,这样的人比较少见。所以,将新婚之夜床单上是否见血作为判断女性是否为处女是不科学的。

平时大家也要格外注意,生活中存在很多因素可能导致女性处女膜的破裂。例如,女性在参加很多剧烈的体育运动——跳高、骑马、武术等时可能会导致处女膜破裂,或是女性使用内置式棉条不当,或是从事繁重的体力劳动等都有可能导致处女膜的意外破裂。

中国传统文化熏陶下成长起来的男性总是希望自己的妻子是处女,在自己之前从没与别的男子发生过性行为;而他们也大多从处女膜是否破裂来判断身边的她是否还是处女,这也就是所谓的"处女膜情结"。当然,男性的"处女膜情结"对女性来讲不一定公平,但是对于女孩子来说,生活中还是应该自珍自爱,不要轻易与男性发生性关系,同时也要在日常生活中注意保护自己,防止非正常情况下处女膜的破裂。因为处女膜对女性生殖器的保护是有很重要的作用的。

对于刚刚步入青春期，对爱情、对性尚且朦胧的少女们一定要细心守护自己的处女膜，用自尊自爱守护自己的这一块纯洁地带，然后等待属于自己的爱情季节。

果果的小心得

原来是这么回事啊，难怪那些电视里的情节我觉得怪怪的呢。在妈妈告诉我之前，我从来都不知道自己的身体里还有这样一个神奇的东西存在。妈妈说得对，我们必须以正确的态度对待处女膜，好好爱护它，爱护自己。

安全度过青春期

放学之后和同学一起走在回家的路上，看到了路旁的安全套自动售卖机。

"在学校门口放安全套售卖机，难道是鼓励我们作乱吗？"蒸头开始发表异议，"这种导向也太不应该了。"

"明天我们一起写匿名信举报吧，我还从来没有写过匿名信呢。"花花表示赞同。

"我看到这些感到很不好，而且就放在学校的门口。"媛媛也觉得这样做有点不合适。

"你们听说了吗？好像在学校附近的小卖部里，能偷着买到迷魂药还有安全套呢。"花花跟我们说了她的小道消息，让我们足足吸了一口凉气。

"是不是这样干就可以不留后患，干净利落？"我问道。

"我们没有经验。"她们几个居然异口同声。

回到家,我把这件事对妈妈讲了,妈妈听了之后也觉得不太合适:"是啊,现在的生意人只为了赚钱,别的都来不及考虑了。唉!果果,你要知道,一个女孩最重要的做人原则就是自重,自己看重自己才对啊。"

"嗯。"我点点头。

妈妈接着说:"如果不负责地任意发生性行为,最后吃亏的一定是女孩,而且即便是对身体没有什么伤害,也一定会在心理上留下阴影,后果肯定不堪设想。"

我想花花那个不靠谱的主意其实也挺对的,要不,明天和她商量商量,一起写个匿名信举报吧!这样做也许能够挽救更多无知的女孩。

妈妈对我说

果果,先让妈妈给你讲一个真实的故事吧。

阿美是大家公认的小公主,她有着乌黑飘逸的长头发,一双水汪汪的大眼睛,虽然刚满15岁,身材却已经发育得很好了。阿美从小就得到了大家的宠爱,不但因为她长得漂亮,更因为她是一个懂礼貌的好孩子,小嘴总是像抹了蜜一样甜,叔叔阿姨都特别喜欢阿美。

阿美喜欢琼瑶的小说,尽管同学们都说那些爱情故事是如何如何的老土,可阿美却对小说中那种"生死相许"的爱情羡慕得不得了,希望自己在某一天邂逅自己的白马王子。

后来,阿美总收到一个男孩写的情书,男孩在信中不停地说他对阿美是如何的爱慕与欣赏。这种"情书攻势"一直持续了两个月,阿美终于心动了,她心里面暗暗觉得这个男生通过了自己的考验。这天,他们约好了见面。在校园旁边的公园里,阿美终于见到了自己的"王子"——原来,他竟是高年级的学长,是学校学生会的外联部长。两人就这样相互微笑着凝望,阿美对他简直就是一见钟情。

接下来发生的故事,还真有点如琼瑶小说里面的情节:两人放学一同回家，两人星期天一起去逛街，一起去爬山……让阿美最激动的是，男孩那天吻了她，这种感觉如小说里面描写的一样，天旋地转。阿美沉浸在浓浓的幸福当中。

可是，两人自从有了拥抱、亲吻等亲密动作后，阿美渐渐觉得自己竟然有了性冲动，而且每当男孩拥抱她的时候，她似乎也感觉到男孩的身体在颤抖，他似乎也有性冲动。有一天，阿美到男孩的家里玩，男孩的父母正好不在家。两人说笑着，接着就互相挠对方，阿美忍不住痒，滚到了床上。此时，男孩紧紧抱住了阿美，在耳边说道："我爱你，我要照顾你一辈子……"阿美浑身发热，颤巍巍地点了点头，她就这样把自己完整地献给了男孩，过早地偷食了爱情的禁果。

阿美的爱情也并非像她想象的那样甜美、幸福。自从那次之后，他们又趁着父母不在家时，发生了好几次性关系。

不好的事情终于发生了，阿美在学校的一次身体检查中，被查出已怀孕3个月。懵懂无知的少女竟然完全不知道自己已经怀孕了。学校给予了阿美严厉的处分，阿美的父母听到这个消息差点没有当场晕过去。在父母的陪同下，阿美去医院做了人流。

那个男孩从此不再来找阿美了，后来一打听，她的那个"王子"居然已经转学了。阿美欲哭无泪，看到同学们老在自己身边指指点点，看到妈妈那失望与悲伤的眼神，看到院子里面原来那些疼爱自己的叔叔阿姨们异样的眼神。阿美的心理防线终于彻底崩溃了，某个晚上，阿美服下了一整瓶安眠药……

目前，有相当一部分青少年按捺不住，发生婚前性行为。对于正值青春期的女孩来说，在爱情生长的土壤还不具备的时候，最明智的办法是筑好防线，集中精力学习，树立正确的人生观，培养高尚的情操，学会自尊、自重、自爱和自制，使自己的行为符合社会道德规范，用健康的思想和法制观念来指导自己的行动。

正值青春萌动的少女一定要认识到，任何性行为都是要承担后果的，而这些后果往往不是尚且稚嫩的自己所能够承担的。过早涉足禁区，留给自己的只能是无可挽回的伤害。妈妈希望你能对自己负责，安全度过你的青春期。

 果果的小心得

爱情无疑是美好的,但是,那也是一朵需要等待、需要精心浇灌的花朵。我们必须学会自尊、自爱、自重来守护自己的爱情园地,相信,在属于自己的爱情季节里,这个园地里一定会盛开出更美丽的花朵!

第二章
长大后是另外一课
——给满腹疑问的你

爸爸听我说，妈妈听我说

生活中的酸甜苦辣

我不是丑小鸭

女孩也会有"神经衰弱"吗

怎样管理自己的"小金库"

受挫后要如何调适

我不是在故意唱反调

给多愁善感找一个出口

爸爸听我说，妈妈听我说

爸爸和单位里的叔叔们一起出差去赤峰了，要好多天才能回来，而妈妈这几天又偏巧天天加班，要到很晚才能回家。

以往晚上回到家，迎接我的必定是一桌丰盛的晚餐，还有妈妈细致的点点关怀："果果不要偏食，多吃一点蔬菜。"那些以往在我看来普通的关心怎么现在感觉是那样的遥不可及了呢？现在每天回到家，迎接我的是那些放冷了需要在微波炉里面加热的饭菜，还有那张毫无色彩的便条，上面写着冷冷的话。

为什么他们会那么忙？在他们的心目中事业比我还重要吗？

这样一想，心里就凉了半截，觉得自己像是一只流落在黑暗角落里的小猫……

晚上快十点钟，妈妈才回来，看到我还没有睡，她轻描淡写地问了一句："这么晚了，果果还没有睡觉？"

"嗯。"我轻声应了一下，看到妈妈疲惫的身影，不知道说些什么好。

也许妈妈确实是累了，她不声不响地草草收拾了一下，对我说："果果你不要学到太晚，妈妈先去睡觉了。"

唉！我多希望妈妈能过来和我聊聊天呢，或者多问问我最近的情况也好啊。可是，她却对我的情况不闻不问。

平时妈妈唠唠叨叨说得太多，这下又顾不上问我了，真是的。

我觉得自己真的被冷落了，心里委屈极了。这个家似乎不再温暖。

果果，最近妈妈工作太忙，爸爸又不在家，所以把你撂在了一边，你一定很不习惯吧。可能你有一点怨恨，我很理解你的心情，平时学习紧张，爸爸妈妈都不在身边，不能及时给你更多的关心和照料，可能你会觉得我们之间产生了隔阂，这都是很自然的事。其实，在一个家庭中，与家人关系疏远的原因主要是缺乏交流，彼此之间不了解，自然无话可说。

其实，妈妈是多么希望你能够敞开心扉，把心里话讲给妈妈听，可是看你总是很沉闷的样子，真不知道你心里在想些什么。

妈妈还是希望你能和我多交谈，希望你能够主动地向我们介绍你的生活状况。你每天在学校都遇到了什么好玩的事情，周围的环境发生了什么变化，只要你留心观察，每天都会有新发现。把你每天的所思所想记录下来，讲给妈妈听，这不是很有意思吗？

或者等到妈妈休息的时候，妈妈愿意和你一起去学校里面走一走，看看你学习的环境如何。以后再听你说到学校里那些好玩的事情，肯定感觉更不一样了。

不过，妈妈想给你提个小建议：回家后不要一直把自己闷在小屋里，对妈妈很冷淡，让妈妈以为你很忙，那妈妈也不好打扰你啊。

有的时候可能妈妈工作太多，没有更多的时间陪你。但是我还是希望你能够回到家里来向妈妈多少汇报一点学校里的故事，哪怕只有一件事情。因为如果人与人长期不交流的话，太多的话即便是想说也不知道应该从何说起了，想想还是不说了。如果这样长此下去只能造成恶性循环，所以要强迫自己开口。

果果的小心得

原来在爸爸妈妈心中我一直都是最重要的，以前都是我自己胡思乱想，以后可不能这样了。一定要和爸爸妈妈多交流，将心里的想法告诉他们，这样才能让我们的小家庭更加幸福。

生活中的酸甜苦辣

我的英语成绩很差劲，但是语文成绩异常优秀，以至于每到语文考试的时候，同学都希望能和我坐得近一点，还会和我商量着："果果，一会儿考试的时候就拜托你啦。"甚至会有同学在考试之前找我借笔，说一定要"沾沾我的喜气"。

有一次语文考试，坐在我旁边的同学一直疯狂地抄袭，由于他没有干扰我答题，所以我没有理会他，任他一直抄下去。但是，老师却都看在眼里了，并且记住了那个同学的名字。

试卷判完之后就发了下来，我的成绩又是全班第一。话说抄我卷子的那个同学，他怎么才54分呢？

那个同学也觉得有点不对劲，他把我的卷子拿了过来，和我的答案一一核对，发现老师把他的分数算错了。下课之后，这个同学居然跑去找老师了："老师，您看，我的这个题目的答案和果果的一样，都是一样的答案，您把分数给我算错了。"

我坐在下面哭笑不得，心想：这个同学可真是够呆的，这种问题居然好意思找老师问。而且把我也抖了出来，我可不是故意协助他作弊啊。

没想到老师连理都不理他，自己收拾好课本走出了教室……

从那天以后，我发现有几个同学好像看到我之后眼神怪怪的。还有一次，我在课间写作业的时候不经意间抬起了头，忽然发现有四个女生眼睛齐刷刷地往我这里盯着看，看得我的汗毛直竖。

"究竟是为什么呢？好像是有人在背后说我坏话了吧。"我在心里暗自嘀咕。

果然不出我所料，我的"铁杆战友"媛媛向我透露，有的人在背后说老师偏向我呢。

这……真是令人无语……

妈妈对我说

果果，俗话说：好话不背人，背人没好话。如果有同学在背后议论你的话，你首先要做的是反省自己，如果确定自己确实没有错的话，大可不必担心，凡事只要正大光明就好。

对于你同学的那些行为，你大可不必为此劳心费神，更不必大动干戈，妈妈给你提了一些建议，相信会对你有所帮助：

1. 敬而远之，泰然处之

如果你觉得从没有招惹他们，自己也是于心无愧的话，那就是他人的问题了。其实在生活中还是有这种人的，他们喜欢有意拿人讥笑，求得自己的欢乐，这种人不值得交往，那就对他们敬而远之。他们有议论的自由，那么我们也有不听的自由，对他们背后的坏话，大可不必斤斤计较或是费心去打听。他们在背后议论是非，有损的是他们的形象，与我们无关。果果，你要知道，没有一个人是可以通过贬低别人来抬高自己的，你只要泰然处之、安心学业，对这样的人不去理会，时间长了，他们自己就会觉得没趣，而你呢，却丝毫不受影响。更关键的是，同学都看在眼里，记在心上，说不定到那时你的威望还会提高呢。

2. 公开说话，以求心理平衡

如果你自己觉得有被人议论的话题，或是得罪了某人，就应该主动和他们去沟通，诚心诚意地去征求他们对你的看法，有话当面说，隔阂一定可以消除，除非他们进行人身攻击，有意中伤，甚至触犯了法律，那就另当别论了。如果是你自己有做得不周到的地方，那么要先把自己的缺点改掉，改得越快越彻底，他们就没有在背后议论的素材了。总之自己要把握好的是：不看别人做

得对不对，先要看自己做得对不对。

3. 保持一点洒脱和达观

一个巴掌拍不响，只要你不去拍另一个巴掌，洒脱一点，矛盾就不会被激化。生活中碰到的厌烦事常常都有，问题是如何来面对它们，最好的方法是在清醒中求快活，去解除无可奈何的烦恼，我们既不能糊里糊涂地浪费时光，也不必对一切事物都过分认真苛求，最好的态度是在认真严肃的一面之外，仍要有洒脱达观的一面。

果果，一个肯向上的人，有崇高理想的人，是不会把时间浪费在这些鸡毛蒜皮的小事上的，对于你现在的处境，妈妈希望你不要往心里去。对别人的非议，宁肯不屑一顾，也绝不肯轻易浪费自己宝贵的时间和精力去斤斤计较，这才是真正的聪明之举。

果果的小心得

妈妈说得很对，我不能把精力都浪费在这些小事上。生活中不会总是只有甜的，我也要调整好心态，学会品尝人生百味，酸甜苦辣。只要我问心无愧，那就走自己的路，让别人说去吧！

我不是丑小鸭

最近心情总是很沉闷，格外的郁闷，老是觉得自己比不过别人。套用刘邦的那句话，就是："夫论运筹帷幄之中，决胜于千里之外，吾不如子房。镇国家，抚百姓，给馈饷，不绝粮道，吾不如萧何。连百万之军，战必胜，攻必取，吾不如韩信。此三者，皆人杰也，吾能用之，此吾所以取天下也。"具体到我身上，就是："夫论聪明伶俐，油头滑脑，吾不如葱头；善解人意，出谋划策，吾不如媛媛；时尚靓丽，吾不如花花。呜呜……"

不知当时刘邦怎么这样自信，如今这话从我嘴里说出来的时候，只剩下悲伤的眼泪了。

是的，我很自卑，很郁闷，不知自己擅长什么。

回到家，我居然莫名其妙地问妈妈："妈妈，我是不是毛病特别多？"

"没有啊，很多叔叔阿姨都很喜欢果果。"妈妈诧异地望着我。

"嗯，那就好。"

可能是由于我想得太多了吧，怎么总是对自己不自信呢？

妈妈对我说

果果，其实你的这种心理，在现实生活中很多人都有。有许多像你这样年纪的女孩性格孤僻、害怕与人交往，常常觉得自己是茫茫大海上的一叶孤舟，喜欢一个人顾影自怜，或是无病呻吟。她们不愿投入火热的生活，却又抱怨别人不理解自己，不接纳自己。这种封闭自己的自卑心理，后来就会衍生出一种与世隔绝、孤单寂寞的情绪体验，也会感到自己越来越孤独。孤独的人往往将自己封闭于一个狭小的范围内，独自在这块小小圈地里品尝寂寞，并且拒绝他人的善意介入。这样的人，到头来损失最多的还是他自己。

果果，妈妈不希望你变成这样的人，年轻人应该是朝气蓬勃、蒸蒸日上的。你要明白，自卑的人总是觉得一切对他而言都毫无意义，最终也不会创造出多彩的生活。

兰生幽谷，不为无人佩戴而不芬芳；月挂中天，不因暂满还缺而不自圆；桃李灼灼，不因秋节将至而不开花；江水奔腾，不以一去不返而拒东流。更何况是人呢？

造成自卑的原因多而复杂，比如学习上的挫折，缺乏与异性的交往，失去父母的挚爱，周围没有朋友等。此外，自卑心理的产生，也与人的性格有关。比如有的人情绪易变，常常大起大落，容易得罪别人，因而使自己陷入一种自卑的状态。

至于如何克服自己的自卑心理，妈妈给你几个小建议吧：

1. 用补偿心理超越自卑

补偿心理是一种心理适应机制，从心理学的角度来分析，这种补偿其实就是一种"移位"，即克服自己生理上的缺陷或者是心理上的自卑，把更多的精力用于发展自己其他方面的长处、优势，赶上或超越他人的一种心理适应机制。这种心理机制的作用，使自卑感反倒成为许多成功人士的动力，他们的自卑感越强，寻求补偿的愿望就越大，成就大业的本钱也就越多。

2. 用乐观的态度来面对失败

在自我补偿的过程中，还需要正确地面对失败。要知道，人生的道路上，一路顺风的人少，曲折坎坷的人多，成功是由无数次失败构成的，美国通用电器的创始人沃特曾经说："通向成功的路，就是把你失败的次数增加一倍。"

面对挫折和失败，唯有乐观的心态，才是正确的选择。其一，做到坚韧不拔，不因挫折而放弃追求；其二，注意调整、降低原先脱离实际的目标，及时改变策略；其三，用"局部成功"来激励自己；其四，采用自我心理调适法，提高心理承受能力。

果果的小心得

每个人都一定会有自己的优点和长处的，我不能一味沉浸在自卑的情绪中不能自拔，抓着自己的缺点不放。我不是丑小鸭，我一定会长成美丽的白天鹅，虽然现在我还有很多不足之处，但是我相信通过自己的努力，我必能完成自身的蜕变。

女孩也会有"神经衰弱"吗

眼看着重要的期末考试就要来临了，可是我根本就没有心思学习。因为从这个学期开始我迷上了武侠小说，晚上回到宿舍总是急不可待地翻开看，那些引人入胜的故事情节，相信任何人都很难拒绝。

由于看了太多的小说，我的学习时间被大量的占用，以至于很多功课亮起了"红灯"。

老师不得不把我"召"进了办公室："果果，我们可要好好学习，你可不要成为班里的差生。"

从办公室走出来的那一刻，我就发誓：一定要把成绩追上来！

但是，我发现自己再想进入学习的状态很难了，而且最近每天晚上都要躺在床上很久才能睡得着，即便是睡着了也总是做梦，醒来会觉得很累。这种状况一直持续了很长时间。

可能是因为这个原因，我的头老是觉得发涨，上课的时候也是昏昏沉沉的。平时与人交谈的时候还总是觉得自己语句混乱，语气变重、烦躁，还很容易着急。

妈妈好像发现了我的异常，那天还跟我说："果果，看你这几天不太精神，话也变少了，不像从前那样爱说爱笑，脾气突然又变得这么暴躁。你是不是不舒服，或者有什么烦心的事呢？"

这实在不是我愿意的啊。

看到我这样憔悴的样子，妈妈也很难过，她买来很多健脑的补品，但我吃了之后还是一点效果都没有。以前当我感到劳累的时候，只要稍微休息一下或者睡一觉就可以调整过来。但现在却不行了，越休息反而越想休息，睡觉睡得越多反而就更想睡觉。当我强迫自己坐下来学习或是做作业的时候，也常常感到注意力不集中，因而感到特别吃力。不仅如此，我还经常会感到疲劳无力、经常忘记要做的事。

妈妈实在没有办法了，带着我去看医生，体检没有发现任何异常，经过医生的诊断，确定我有一些神经衰弱。

"我还是个孩子啊，怎么会是神经衰弱？"我着急地问妈妈，"神经衰弱不是中老年才有的疾病吗？"

"果果，相信医生的话，你要学会放松自己的心情啊。"

妈妈对我说

果果，神经衰弱是由于长期过度紧张，而造成大脑的兴奋与抑制机能失调。有很多女孩由于工作与学习的负担过重，或者是因为长期的心理冲突、压抑得不到解决，从而导致大脑机能系统功能失调，引起神经衰弱。

当女孩患了神经衰弱后，就会表现得情绪不稳、失眠、乏力、抑郁寡欢，对极其重要的事情会感到茫然，对声音极度敏感，甚至是轻微的声音也会惊恐得心慌、冒汗。

果果，妈妈想要告诉你的是，千万不要背上一个"我有病"的包袱，也不要向和自己不相关的人叙述自己的病情和痛苦，不仅别人无法帮助你分担痛苦，而且还会让自己更加坚信自己"有病"，原本无所谓的事情让自己这么一嘀咕反而变得严重了。面对神经衰弱，首先要认清它的本质和发病原因，然后要树立生活和学习的信心，把消极的情绪转变为积极的情绪，才是治疗的关键。

> **果果的小心得**
>
> 我知道是因为前段时间作息不规律，小说看得太多才导致我有些神经衰弱的。妈妈说得对，这并不是什么大病，我一定要听医生的话，改变不良习惯、加强体育锻炼，相信这不仅有助于克服精神衰弱，而且有利于提高身体素质。

怎样管理自己的"小金库"

我最盼望的时刻就是过年，为什么呢？因为每到这个时候我都会收到很多红包，红包里有很多钱，有了钱就可以买很多东西……而且，今年妈妈告诉我，这次所有的压岁钱都由我自己来支配，这才是最令我高兴的。

往年，我的压岁钱都是要"充公上交"的，今年终于有自己的"小金库"了，这笔"巨额财产"要如何使用？真的够我琢磨一段时间了。

正当我暗自窃喜的时候，妈妈走过来问我："你有这么开心吗？"

"嗯，当然。"我点头称是。

"那你打算怎样使用这笔钱呢？很想听听你的理财计划。"看来，妈妈还是在打我这笔钱的主意。

听到妈妈这样说，我不禁有点警觉了，担心地问道："妈妈，您不会是又变卦了吧？我们已经说好了这笔钱交给我的啊。"

妈妈被我那认真的模样逗乐了："怎么会呢？你现在已经是中学生了，当然有能力管理自己的压岁钱。我只是想了解一下你如何支配自己的钱，顺便给你提一些理财的建议。"

"噢，"妈妈的话就好像给我吃了一颗定心丸，让我虚惊一场，"您放心吧，这些钱我是不会乱花的，我早就已经计划好了，把四分之三的钱存起来，用这笔钱给奶奶买生日礼物,再用剩下的钱来买学习需要的书,您看这样好吗?"

妈妈听了我的计划,赞许地点点头:"没想到,果果还是个很有思路的小孩嘛!"

嗯,是啊,接下来要想一想,给奶奶买些什么礼物了吧。

妈妈对我说

果果,我很高兴你能有如此有意义的"理财计划"。现在,你已经是中学生了,以后你的零花钱都会由你自己来自由支配。但与此同时,妈妈也希望你能学会理性消费,正确地理财,能有条理地处理自己的零花钱。

下面,妈妈想向你介绍几条理财小建议:

首先,你要学会有计划地使用钱,对花钱有个预算。要给自己的零花钱规定一个数额,最好是把握在自身有能力支配的范围之内,随着年龄的增长和实际需要再做些适当增加。

其次,你还要养成制订开支计划的好习惯。比如用多少钱买学习用品,用多少钱买自己喜欢的日用品,用多少钱来买零食。这样提前做好预算可以防止自己乱花钱,还可以让自己养成把钱花在刀刃上的好习惯。

再次,你还要学会存钱。以自己的名义开一个户头,这样可以增强自我管理的兴趣和能力。

最后,妈妈还希望你能够明白"钱"的真正含义:钱只是解决生活问题的一种媒介,它本身并不存在价值,它只是平常之物,钱并不能解决一切问题,应该正确地面对它。

果果的小心得

花钱绝不是一件简单的事情,它是一门学问。我想成为一名"成熟的大人",就应该从现在开始,学会正确地消费,学会保管、支配好自己的"小金库"。

受挫后要如何调适

最近的状况真的是可以用"屋漏偏逢连夜雨"来形容，倒霉的事情都连成一串了。

首先是，期中考试考砸了，少不了挨批评。家长会后，被爸爸狠狠地教训了一顿。

"果果，我看你最近是玩疯了，看看你的成绩啊，是怎么考的！"爸爸的眼睛向来很大，那天一瞪眼，活像一只青蛙，吓坏我了。

"嗯……"我一句话都不敢说了。

伤心难过之余不禁觉得父母太绝情了，从小爸爸妈妈总是习惯宠着我，哪里曾遭受过这样的委屈呢，真是让我伤心欲绝啊。看来应试教育就是不好，差点把亲情都断了。

唉，什么都别说了，到底我是个学生啊，学习成绩不好当然无法交差。以后只有多努力，不要让爸爸再发脾气才好。

不过没想到的是，倒霉的事情还在后面。刚刚挨了爸爸批评的第二天，在我们学校组织的运动会上，我在跑步的时候把脚扭了。全班因为我的失误丢掉了一个荣誉。虽然没有同学责怪我，可是我心里很自责啊，怎么就这么倒霉啊，偏偏在这个时候把脚扭伤！

一定是我倒霉透顶，才造成这样的结局，最近真是，倒霉事都赶到一块了。所以，最近的几天我都是闷闷不乐，一蹶不振。

妈妈对我说

果果，妈妈可不希望看到你因为这点小事就变得如此一蹶不振。人生是一个漫长的过程，如果要实现人生的目标需要数十年的奋斗。鲁迅先生在"风雨如磐"的旧社会，特别强调要坚持"韧性的战斗"。许多卓有成就的革命家、科学家、文艺家之所以取得成功，除了他们的才能之外，无一例外都具有意志坚韧这一心理品质。正是这种坚韧，使他们克服了种种艰难险阻，百折不挠地向前搏击。而你，怎么会因为这点小挫折就不敢向前了呢？

克雷吉夫人曾经说过："美国人成功的秘诀，就是不怕失败。他们在事业上竭尽全力，毫不顾及失败，即使失败也会卷土重来，并立下比以前更坚韧的决心，努力奋斗直至成功。"有些人遭到了一次失败，便把它看成拿破仑的滑铁卢，从此失去了勇气，一蹶不振。可是，在刚强坚毅者的眼里，却没有所谓的滑铁卢。那些一心要得胜、立志要成功的人即使失败，也不会视一时失败为最后的结局，还会继续奋斗，在失败后重新站起，比以前更有决心地向前努力，不达目的决不罢休。

面对迎面而来的挫折，希望你能够坦然地接受，这样以后才能承担更重大的责任。

妈妈来帮你支招，教你正确地看待挫折：

1. 以正确的心态来面对挫折，将挫折作为人生的新起点

有句俗话说得好：人道谁无烦恼，风来浪也白头。是说世间的万事万物都有烦恼。拿破仑曾经说过：人生的成功不是没有失败记录，而是能够百折不回。所以失败并不可怕，因为失败之后的态度和举动才是真正决定你今后的一切。曾国藩刚开始带领湘军镇压太平天国运动的时候，由于战略战术不好，经常被打败，有次竟然全军覆没，曾国藩急得要跳河自尽。师爷急忙拉住了他，同时，还建议把奏章上的"屡战屡败"写成"屡败屡战"，皇帝看到了奏章之后，大大地嘉奖了曾国藩，曾国藩也从奏章上看到了希望，从此改变态度，打败了太平军，终于成为一代中兴重臣。你可以想一想，如果曾国藩当时无法接受挫折，一气之下就跳河了，历史还会记住他吗？所以说，对待挫折也要有一

个正确的态度，正是我们刹那间的念头，左右或者决定了我们的人生，面对挫折，勇敢地跳过去，人生将别有一番天地。

2. 通过适当的发泄来忘记痛苦

据说在国外有一种专门的发泄馆，只要是人有了不高兴的事情，就能够跑进去发泄，通过发泄来释放自己的苦恼，心情也就平静了。即使没有类似的发泄馆，我们也可以找到其他的方式来排解心中的挫折感，比如可以做些耗费大量体力的运动，或找一个没有人的地方，尽情地大吼几声。通过这样的发泄，你的心情就会快乐许多，这种自我发泄不失为一种好方法，它可以在不知不觉中将你的烦恼发泄得一干二净。当然，比如听听歌等各种自己认为满意的方式，都是可以采用的。找你认为恰当又不伤害他人的方法即可。

3. 找好朋友倾诉，丢掉心理包袱

有一位哲人说：我有一个苹果，你也有一个苹果，我们彼此交换，每人都还是有一个苹果。可是，你有一种思想，我有一种思想，我们彼此交换，每人就有两种思想。同样的道理，你有一份快乐，我有一份快乐，我们彼此交换，每人就会收获两份快乐。但是，当你把你的悲伤倾诉给另外一个人时，你就只有二分之一的悲伤了。

所以，当我们遭受了挫折，而自己又不能够排遣的时候，我们可以试着将自己的挫折诉说给别人，让他们来替我们解开那个我们自己打不开的心结。倾诉的对象可以是父母老师，也可以是自己的同学或者其他好朋友。不要把挫折和悲伤埋藏在自己的心中，否则的话你只会变得越来越忧郁。

4. 找到用成功来取代挫折的突破口

之所以感到挫折，是因为我们遭受了失败的打击，由于难以及时走出失败的阴影，所以拿破仑曾经说过"避免失败的最好方法，就是下决心获得成功"。当遭受了挫折且在一定时间内无法排解和战胜的时候，最好的方法就是绕道而行，将挫折暂时搁置，用另外一件事情来代替它。只要你留心，就能够发现，以前的痛苦在今天看来，已经不再是痛苦，我们对此早以坦然面对。

所以当我们遭受痛苦的时候，有时并不一定要急着去解决这个痛苦，而是采用冷置法，先将痛苦掩藏起来，视而不见。先去做我们认为容易成功的事

情。而当我们在其他的领域取得成功的时候，再回过头来看以前的挫折，那时挫折早已烟消云散。

果果的小心得

世界上有无数强者，即使丧失了他们所拥有的一切东西，也还不能把他们叫作失败者，因为他们有不可屈服的意志，有坚韧不拔的精神，有积极向上的乐观心态，而这些足以使他们从失败中崛起，走向更伟大的成功。在我们学习那些坚韧不拔、百折不挠的生活强者时，我们也能将失败像蜘蛛网那样轻轻抹去，只要我们心里有阳光，只要我们面对失败也依然微笑，我们就能说：命运在我手中，失败算得了什么！

我不是在故意唱反调

有一次和媛媛一起逛商场，看到橱窗里有一处别具匠心的设计：设计者在玻璃板上挖出若干个可以窥视的小孔，其余部分涂上颜料，并在上面赫然写着"不许偷看"四个大字。出于好奇心的驱使，我和媛媛就特别想去那里一睹究竟商家葫芦里卖的是什么药。我们看到旁边无人看管，赶忙跑去"偷窥"，结果不看不知道，一看忘不了，原来在橱窗里面摆放着各种设计精美、新颖独特的商品。

这就是我具有逆反心理的具体表现，如果它上面不写着"不许偷看"，也许我就真的不去看了，因为那几个字，所以我才想去看个究竟。我有我自己的主张，不喜欢听令于别人。

我们班上有个女生逆反心理就特别严重，因为她与一个男生玩得很好。父母为了防微杜渐，就禁止女生和那个男生往来，结果不说还好，由于家长的训斥，那个女生产生了逆反心理，就真的和男生谈恋爱了。

是不是在我们这样的年纪，就真的多少有点逆反心理呢？

妈妈对我说

果果，十二三岁是儿童理想、信念、世界观开始形成的重要时期。在这个阶段，由于生理成熟与心理成熟的不平衡性，受自我意识觉醒等因素的影响，青少年心理发展呈现出错综复杂、矛盾重重的局面，逆反心理的表现就显得十分突出。

可能你也说不清楚自己是否有逆反心理，现在让我帮你分析一下逆反心理都有哪些表现：

（1）一个逆反心理很强的孩子，她习惯对正面的宣传做反面的思考。很多青少年习惯对学校、老师的宣传，表现出一种不认同、不信任的反向思考。他们往往以社会上某些个别的不公正的事实来以偏概全地全盘否定正面宣传。

（2）有些孩子，习惯否定那些受到表彰的先进人物。因为有的老师或家长在教育孩子的过程中，总是会提出一些好的榜样来激励他们，而最后的结果往往是适得其反。他们会对身边的榜样，给予无端的嘲笑和排斥。

（3）还有的孩子，对于不良的倾向会产生情感上的认同。在一些孩子的眼中，打架斗殴被看作是有胆量；与老师、学校领导公开对抗被看作是有本事；哥们儿义气这些不良的行为倾向赢得了很多人的赞同。而对于那些遵守纪律的同学则被肆意讽刺、挖苦，造成在集体氛围里好人好事无人夸这样的局面。

（4）还有就是这些孩子不愿意遵守学校纪律，并对老师提出的要求消极抵抗。

基于以上来判断你的话，果果，你的行为并不是逆反，也说不上错，只是好奇心强而已。你是一个好孩子，这是最让妈妈高兴的。至于你的那位同学，则是有一点逆反心理，当然，这也不完全怪那位女同学，有时候这也与家长的批评不当有很大关系。

造成逆反心理的原因是复杂的，但是总的来说有以下几点：

（1）处于这一时期的孩子思想活跃，精力充沛，独立意识逐渐形成，并

慢慢增强，自以为能力已很强，希望摆脱家长和老师的管束。他们讨厌仍被人视为"孩子"，具有很强的自尊心；为了表现出自己已有独立思考的能力，他们对周围事物常持批判态度。

（2）大多数的孩子具有强烈的好奇心，越是不让干的事偏要干，越是不想让他们知道的事偏要知道，越不让接触越要接触一下。好奇心过强就形成了一种特殊的心理需要，要满足这种需要，就往往对老师的要求表现出逆反。老师管得越厉害，学生逆反心理就越强。

（3）知识面狭窄，看问题过于简单，甚至相当片面，往往抓住一点，不顾其他。有时喜欢钻牛角尖，固执己见，走向极端。

（4）意志薄弱，缺乏自我克制和分辨是非的能力。由于年龄还小，知识经验不丰富，因而自我克制与分辨是非的能力较弱。求知欲旺但易转移兴趣，自尊心虽强但又很脆弱，批判能力也往往是盲目的。这些正是导致逆反心理滋生的主观原因。

作为一个青少年，强烈的逆反心理肯定是无益于自身的发展，那应该如何进行矫正呢？

苏联著名的教育家苏霍姆林斯基曾经说过："真正的教育是自我教育，教育就是要迫使人去思考自己。"科恩在《自我论》中谈到自我教育时也说："在关系到最高生活价值方面，教会别人是不可能的，每一个人都应该自己教会自己，可能做到的只是帮助他更深刻地理解周围世界和自己，成为自己，实现比他身上现有的更好的东西。"科恩的论述，绝好地说明了克服逆反心理的最好方法是进行自我教育，别人不能代替。

果果的小心得

听了妈妈的分析我就放心多了，原来我的行为并不能叫逆反，只是强烈的好奇心在起作用。我觉得有好奇心没有什么不好的，这能让我们有兴趣去探索、去研究。但是一定要把握好这个度，千万不能逆反心理太严重。

给多愁善感找一个出口

媛媛这几天就像一只病病歪歪的小动物，变得不像从前那样爱笑了。奇怪，一向阳光的媛媛怎么突然抑郁了呢？是不是出了什么事情？

"媛媛，看你不是很高兴，你没什么事情吧。"我关切地问她。

媛媛被我这么一问，说道："我最近一直都挺好的，什么事情也没有发生。最近我在听电子音乐，都是很苍凉的那种，听上去很沉重的感觉，可能是因为这个原因吧。"

确实，音乐确实能够改变一个人的情绪，看来媛媛的忧郁不是不正常的现象。听她这样一解释，我松了一口气。

"其实媛媛，你可以试着听乡村音乐，那个调子比较欢快。"我给她提建议。

"我那里有很多调子轻快的音乐，只不过沉重的音乐听起来更有感觉，没事。"媛媛向我解释。

以前，妈妈教育过我"年轻人不可以有衰丧气"。因为我们正年轻，应该是朝气勃勃的，如果一个年轻人总是暮气沉沉的样子，那是很忌讳的。所以，我也习惯了高兴的样子，后来发现，一个习惯真的可以形成一种性格，因为我习惯了高兴，所以人看上去就很开朗。

莫名其妙的多愁善感，难免会给周围的人造成压力。努力做个快乐的人吧。

妈妈对我说

林黛玉是忧郁的，也是美的，但是正是她的忧郁美，害得她在如花的年龄里过早地离开人世，留给后人无限的惋惜。

忧郁不只文学作品里有，现实生活中，忧郁似乎更是如影随形。世界卫生组织的研究发现，平均每一百人中就有三人罹患忧郁症，其中因为忧郁症而引发身体疾病，甚至自我毁灭的例子比比皆是。

很多女孩当遇到学业退步、与朋友吵架、和家人冲突时，都很容易有疏离感而导致忧郁。多数忧郁的女孩，或多或少会在言语、行动上流露出蛛丝马迹，例如，觉得"没什么未来""生活不可能好起来了"；严重的甚至有"活着没意思""我不会再烦你了""没有我，你们会过得更好""我很希望一觉就不再醒来"的想法。所以，当女孩突然把心爱的东西送走、告诉朋友师长有绝望想放弃的感觉、有自伤的行为、对药物或武器的来源突然感兴趣等时，就有可能走入自我伤害的歧途。

忧郁症在西方社会被称为"精神上的流行性感冒"，其传播范围之广，受其影响之容易，可以从"流感"二字看出来。在东方社会，忧郁症也并不少见，尤其是中国人，性格内向，往往真实想法不愿暴露，宁愿被忧郁情绪折磨，也不愿找精神病专家进行心理咨询。如此发展下去，可由忧郁情绪跨入忧郁症患者的行列，有的人便以自杀了结。

忧郁是成功之路上最不受欢迎的敌人，它是悲观的孪生姐妹。一个人整天沉浸在忧郁的阴影中，还有什么乐观、积极向上的心态去追求成功呢？最重要的就是不要去看远方模糊的幻象，而要做手边清楚的事。

果果，妈妈告诉你几种帮助青春期女孩走出忧郁的方法，妈妈希望你永远都用不到这些方法，但是万一你有挫败、气馁、低迷的时候，妈妈希望你能用这些方法帮助自己尽快走出低谷：

（1）问你自己：可能发生的最坏情况是什么？如果你必须接受的话，就准备接受它，然后想办法改善它。

（2）忧郁的人往往变得邋遢，你应反其道而行之。服装整洁，理理发，洗个澡，多对自己笑一笑。

（3）反复地说出自己的名字，给自己打气。说："这没有什么了不起！"这是一种积极有效的心理暗示术。

（4）尝试着改变交往的对象，结识新朋友。

（5）多做自己感兴趣的事，如跑步、唱歌、听音乐等。

（6）帮助别人，做一些公益性的事。你将会找回自我的价值，感受到生活中有比个人忧愁更为重要的事。

还有其他一些方法，例如，让自己忙碌。卡耐基说："忧郁的人一定要让自己沉浸在自己喜爱的事情、工作里，否则只有在绝望中挣扎。"

青春期的女孩正如含苞待放的花朵，应该享受的是阳光的照耀。不要让忧郁蒙住了自己的眼睛，尝试着走出忧郁的沼泽地，你会收获温暖的快乐与美丽。

果果的小心得

忧郁是一道无形的网，它不仅网住了我们的思想，还网住了我们的行动。我们一定要保持乐观的心态，万一遇到心情低落的时候，也要用正确的方法，尽快走出忧郁的低谷，千万不能做现实生活中的林黛玉啊。

第三章 藏在心底的秘密
——给躁动不安的你

一说话就脸红，我也觉得闷

面对异性，该怎么办

早恋，甜甜的苦涩

我就是要最出众

"危险年龄"是怎么回事

越来越在意别人如何看待自己

一说话就脸红，我也觉得囧

我们的历史老师风趣幽默，同学都很喜欢他，我自然也不例外。我很想找机会亲近这位可爱的老师，可是不知道该怎么办比较好。

还是花花的主意比较多："你想个问题问他，他一定会很耐心地给你解答。这样的话你不就可以和老师近距离地接触了吗？"

我觉得花花说得有道理，于是苦思冥想了很长时间，终于想出一个可以向老师请教的问题。

这天等到老师下了课，夹起他的教案正要走的时候，我快步上前拦住了他："老师，我有一个问题想问您。"说到这里，我开始感到自己脸上有点发热了。

老师静默地站在那里等待我提问。

"是这样，那天您上课的时候讲东汉时期我国出现了瓷器，而在讲商代的时候又说那时出现了原始青瓷，这两种说法是否矛盾？"我提问的时候还在想这种问题似乎有点钻牛角尖。

"不矛盾。"老师很肯定地告诉我，"商代出现的原始青瓷，只是在材料的使用、烧成的温度、具有挂釉的特征这三个方面有瓷器的特征，而关于瓷器的其他特征比如吸水率、显气孔率等都没有达到标准，所以不是真正的瓷器，而只能称为原始青瓷。"

"可是，老师，"我听了老师的一大堆术语，居然没有听懂，而且还想和老师多套两句话，就继续胡搅蛮缠地对老师说，"明代、清代制造瓷器的标准在汉代的时候也达不到的，为什么不把汉代的瓷器也归结成为原始青瓷？"

"汉代的瓷器已经达到了瓷器的标准,所以才将汉代作为瓷器历史的开始。"老师绕开了我无聊的问题。

我眨眨眼睛看着老师,胡乱地抓抓头,冒冒失失地说了这么一句:"不明白……算了我不问了。"

老师温和地看着我,居然笑了出来。我觉得更不好意思了,匆匆地回到了自己的座位上,再看花花,已经在那里笑了好半天了。

妈妈对我说

你碰见陌生人时觉得害羞吗?当你问人问题时,觉得害羞吗?如果你必须在讲台上演说,你会害羞吗?如果你忽然看见一棵可爱的树、一朵纤美的花,或是一只在巢中唱歌的鸟儿,你会觉得有点不自在而又想静静站着观赏吗?你知道,害羞是一件好事。但是对大部分人来说,害羞隐藏着难为情。过多地关注自己,势必把自己装在一个精神的茧壳里。

害羞是一种难以描绘的情感屏障,是人人都能触及的精神茧壳。而人往往又在这种心理的网罗下,作茧自缚,所以,要破茧成蝶,就要打开束缚,勇敢地面对生活。

假想你现在正在参加一个酒会,你只认识少数的几个人,你和他们交谈了几句以后,他们就走开去和别的朋友谈话。这时,你发现有一群人还颇吸引你,你会怎么做呢?微笑着走过去,然后介绍你自己?还是站在这一群人旁边,等他们发现你?或是另外去找你已经熟悉的人?还是找个充分的理由离开这个酒会?

如果你不太容易向陌生人介绍自己,即使只是假想自己在宴会里会碰到陌生人,你就可能有点害羞了。就像成千上万的其他人一样,你总是有点害怕见到陌生人,甚至连你已经认识的人也怕见到。你最害怕的情况可能是参加宴会,也可能是其他具有决定性意义的场合,譬如应征工作进行面谈,或拜见未来的岳父母。或许,你常会因为害羞而变得退却。你可能在一个地方工作了几个月以后,想认识一下其他办公室的人,但又觉得不好意思,而打了退堂鼓。

或者，你发现一个很吸引人的异性，却不知道怎么接近他。或许，你不敢去看医生或理发，因为你不知道该怎么告诉他你的情况和要求。

"真的，我本应该非常快乐。"一位女孩曾经这样说道，"但是，我并不快乐。一种可怕的害羞使我每次发现他人看着我的时候都会羞红了脸。我该怎样做呢？"

马克·吐温说，人类是唯一会害羞的动物，人类有时也需要害羞一点。可是，人们却不应该在正常行事的过程中害羞，同样也不应该在一个连动物都会害羞的场合下无动于衷。

害羞有时会是一种痛苦。它是一个令人麻烦的东西，使我们变得懦弱、不安、不快。我们会感觉自己很愚蠢，像一只被观赏玩弄的动物一样。但是，害羞是可以克服的。当然，这不是一蹴而就的事情，否则我们就会发展到一个极端，这是更可怕的，尤其是对别人来说。

萧伯纳年轻的时候就非常害羞。有一次，他到一个朋友家去借钱，他在街上来回走，就是没有勇气去敲门。

今天，人们可以对萧伯纳做出很多种评价，但是没有人会说他害羞。他之所以喜欢做惊人之举，从心理学的角度讲，是为了弥补自己的害羞。

在美国有40%的成年人有害羞表情，在日本60%的人为自己害羞，在我国则几乎所有的人都有害羞的时候，连宋代大诗人苏轼也曾有过"归来羞涩对妻子"的尴尬场面。有专家认为，害羞心理并不都是消极的，适度的害羞心理是维护人们自尊自重的重要条件。调查表明，害羞的人能体谅人，比较可靠，容易成为知心朋友，他们对爱情比较忠诚，能保持自己贞操。女性适度的害羞，可以使之更显得温柔和富有魅力。一个害羞的女大学生对潇洒的男子来说其吸引力可超过一个漂亮的交际花。当然，这里讲的是"适度"，如果过于害羞，那就成了心理障碍。

我们如何才能控制自己害羞的情绪呢？答案就是：不要再考虑自己，下定决心，勇敢地着手做自己不敢做的事情。摆脱自我的约束即便不是最重要的艺术，也是人生的首要艺术。

果果的小心得

下定决心去做自己不敢做的事情，当然，这样做最初是很困难的，但是，如果我们能够勇敢地面对让我们感到害羞的事情，我们就可以控制它。相信自己一定可以做到！

面对异性，该怎么办

不知是不是我的心理有些障碍，为什么我只要一看到男生就会感到特别的紧张和害怕？有的时候，如果男同学坐在我旁边，我从来都不敢抬头看一眼，也不敢同人说话，实在是让人万分难受。

记得有一次全校举行运动会，我到现场的时候比较晚，基本上都没有座位了。葱头对我大喊："果果，那边有个空位，坐过去吧。"我顺着葱头指的方向一看，空位旁边是个男同学。我宁可自己站着，也不愿意坐过去，多别扭啊！我和葱头摆摆手，示意她我不过去坐了，自己就一直站在原地。

媛媛似乎看明白了我的心思，把脸贴在葱头旁边不知说了几句什么话，葱头看了我一眼，自己坐到那个空位上了，花花冲我喊："果果，葱头坐那边去了，你过来吧。"

多谢朋友们的谅解，我满心欢喜地跑了过去。

散会之后，葱头走过来跟我说："果果，坐在我旁边的那个人特别能说笑话。早知道你坐过去就好了。"

我知道是葱头在挠我痒痒，可是，我毕竟没有她这么开朗，估计如果换作是我坐在那里，他也不会讲笑话吧。

妈妈对我说

果果，我能够感受到你在不敢看男生的时候心情很紧张，压力也很大。但是，妈妈想告诉你的是，事情并没有你所想象得那么严重，你应该先让自己放轻松。

你可以选择听听音乐、唱唱歌，或者读点优美的诗词，看点富有哲理的散文，给自己的思想一个自由奔涌的机会，然后坐下来，静静地写日记倾诉，再现一个自然的你。

真的，你实在是不应该自我压抑。一个刚刚进入青春期的女孩，即便喜欢上了班里的某个男同学，也是很自然的一件事情，这种感情不同于儿童，也不同于成人，是非常纯洁的，应该珍惜。

你可以把它作为秘密，甜甜地埋藏在心里，也许永远都不会被人知道，但是不要因为这种心理现象而埋怨自己，每一个进入青春期的女孩多少都会有这样的情感产生。你之所以看到男孩子会感到紧张，是把这种原本正常的、可以理解的感情，当成了肮脏的、不该有的东西，因而在内心的深处产生了深深的自责。

那么，应该怎样做到既珍惜这种少女之情，又不陷入早恋以致影响到学习和身体健康呢？许许多多的过来人都有一条共同的经验，即是将自己的目标投向了更加美好的未来，为了实现自己的理想，你会将自己的注意力转移到许多有益的事情上来，当你在和男同学相处的时候，可以把他们作为参与竞争的伙伴而在一起坦然地学习，探讨问题或是完成某项事情，如果以性别而论，社会就是由男人和女人组成的，一个自立于社会的女性不仅要掌握现代的科学文化知识，也得具备各种与人打交道的本事。作为成长阶段的中学生，自然是需要全面锻炼自己的，哪能见了男生就不敢抬头呢？

妈妈还想告诉你一个秘密：有不少学生，在异性同学的面前都会有或多或少的不安和紧张呢。不过，他们大多数将自己的情感藏在了心里，努力让自己做到坦然、大方，渐渐地也就真的习惯成自然了，你只要留意调整一下心态，也会变得落落大方的。

果果的小心得

青春期正处在一生中最重要的阶段。无论在生理方面,还是在心理方面,都在迅速发展和变化。身材越来越高大,内脏器官变得越来越成熟。与此同时,知识越来越丰富,认识活动由具体思维向抽象思维过渡,开始对外部世界形成总体的看法和认识。会产生与异性接近的欲望也是很正常的事情,这是人的一种情感需求,并不是病态,也并不可怕。把握好与异性交往的尺度,让自己的身边有更多的好朋友。

早恋,甜甜的苦涩

今天放学的时候下雨了,而我又没有带伞,这下糟糕了,怎么回家呢?我只好一个人坐在座位上,心里祈祷着雨能快些停下来。

"果果,你怎么还不回家呢?"坐在我前面的一个男同学问我。

我沮丧地说:"没有带伞,怎么回家呢?"

"我这里有一把伞,你拿去用吧。"他不知从何处"变"出了一把伞。

"那你怎么回家?"他把伞留给我用,那他用什么呢?我不禁关切地问了他一句。

他却憨憨地笑了一下,用无所谓的语气说:"没事,我就跑着回去。"

听到这里,我心里确实是有点感动,于是就提议道:"我们一起回家吧,反正也是顺路。"

他听了之后,乐得直点头。

就这样,我和他同时打着一把伞"漫步"在雨中。我长这么大,还是头一次和男孩子在一起打伞走路呢。这种只有在电影里面才会常常出现的浪漫电影情节,居然今天也在我的身上上演了。

老天似乎在和我们作对，雨越下越大，一把小伞根本就无法遮挡住这瓢泼大雨。他倒是挺绅士的，把雨伞不停地往我这边挪，自己瞬间就变成了"落汤鸡"。这一刻，我的心中突然变得暖暖的，有高兴，也有感动。

晚上，我躺在床上，怎么也睡不着，脑海里总是浮现着他那特殊的憨憨的笑容，难道我这就喜欢他了吗？唉！也许，女孩就是不应该和男孩交往，只不过是一起走回家而已，我怎么会很晚都睡不着觉呢？

妈妈对我说

青春期正处在一生中最重要的阶段，由于体内荷尔蒙的分泌发生了变化，性器官的发育开始萌动，对异性开始产生兴趣。并且开始有了自己是一个成人的感觉，再加上外界、媒体的影响，因此在这一期间青少年出现早恋行为并不奇怪。

有些人对"早恋"有恐惧心理，认为喜欢异性是不正常的，是件不光彩的事情，尤其是家里的好儿子、乖乖女，他们认为喜欢异性就不是好孩子了，会受到谴责。所以，一方面，对喜欢的人放不下，另一方面，心里又十分矛盾，从而背上了沉重的心理负担。其实大可不必，当我们弄清早恋产生的原因后，就不会过度恐惧、担忧了。

早恋指青春期或青春期以前的少年出现过早恋爱的现象。早恋习称牛犊恋，多与环境因素引起早熟性兴奋和性萌发有关，一部分也与孤独、空虚、心理上缺乏支持有关。陷入早恋之中的少年男女因受到相互的吸引、互相爱慕、互相支持，情绪是欢愉的，情感是纯真的。由于情感处于主导地位，通常缺乏理性。多数人有肉体和性接触的意向，但不一定都付诸实践。相当多的早恋少年满足于温馨的即景般的情感交流和卿卿我我的言语交流。

早恋是由于受了外部"催化剂"的性早熟的结果，很难指向一个固定的性对象，对某一异性对象的爱慕或倾倒是非理性的。例如有的少年称他之所以喜欢班上那个女生，是因为她的一双手长得灵巧美丽；有的则认为对方的声音好听；还有的是因为他的异性伙伴有部带遥控的玩具汽车。

如果发现自己有喜欢某个异性的倾向，或身边的朋友、同学出现了早恋现象，不要感到震惊和恐惧。早恋并不是道德品质差的表现。早恋不是罪，但早恋却会给青少年带来不好的影响，它会影响到你的学习，恋爱会分散精力，尤其是你们现在还不能很好地控制自己，一旦早恋，很有可能将过多的注意力转移到异性身上，而放在学习上的精力和时间就会不自觉地减少。所以，我们并不提倡早恋。

到了一定的年龄，每个人都会产生与异性接近的欲望，并不可怕。早恋不是罪，但不要轻易去尝试。把握好与异性交往的尺度，让自己安全又精彩地度过青春期。

果果的小心得

处理人类感情是最复杂的事情，需要足够的耐心和自控力。青春期的我们更应该注意，不能因为一时的冲动而影响自己的人生。人最可贵的就是拥有理智，希望我们能够理智地控制自己的感情，收获美好的未来。

我就是要最出众

和妈妈走在街上碰到街坊邻居，阿姨总会和妈妈寒暄几句："和女儿一起出去走走啊。""你们家的果果长得越来越漂亮了。"每次听到这句话，我心里都美极了。

是啊，妈妈有时也会看看我，说："果果确实是越变越好看了，也变得秀气了。以后脾气再温和一些就更好了。"

"妈妈，您也很漂亮啊。"我对妈妈说道。

妈妈笑着摇摇头："上了年纪，你看我的眼尾都有了皱纹，皮肤上的色斑也增多了。再看看你的皮肤多么有光泽，你现在正年轻嘛。"

"嗯，"我看看妈妈的脸，确实，虽然经过了修饰但是依然抵挡不住岁月的痕迹，"妈妈，我想让自己看上去永远都年轻漂亮。"

"是啊，"妈妈说道，"女孩子20岁的时候漂亮是天生的，而以后年龄大了依然美丽那就是修行来的了，所以日常也要注意保养，不仅是保养自己的皮肤、身材，还有气质。"

"嗯，妈妈你多介绍给我一些保养经验吧，我想让自己永远是最美丽的。"我央求妈妈道。

妈妈对我说

怎样让自己永远保持最漂亮呢？妈妈给你介绍下张曼玉的故事吧，也许你就会得到答案了。

张曼玉，刚出道时是以青春无敌、清纯可爱取胜，只是那时的美似乎来得有些单薄，经不起推敲，毕竟这个世界上从来不缺少漂亮的年轻女孩。而张曼玉不同于别人，她的美经得起时光雕琢，岁月似乎只是给她时间，让她一丝丝地绽放出那份独特的韵味。

著名导演王晶谈到张曼玉时，他说：张曼玉的美丽是一种很自我的美丽，"不伤害别人的自我"，是那种美丽得男人都喜欢，女人也都很喜欢的类型。

罗大佑对张曼玉的评价似乎更为贴切，他说："张曼玉年轻的时候，她外表美丽却很不懂事，即使漂亮也是从角色里透出来的；如今虽然年华已逝，但她的美丽却由内而外地散发出来，即便在角色中，大家也能清晰地看到那就是张曼玉自己。"

听听张曼玉自己的话吧，她说："魅力是一点一滴经营的，绝非一朝一夕之功。的确，完美肌肤也需要坚持不懈地呵护，只有长期为肌肤进行基础保养和调理，才会尽可能长久地保持肌肤完美的状态。我不赞成采用那些快速见效的美肤方法，那样与自然不符。美最重要的是一个人开心、自信的状态。"这是张曼玉对美的看法。

这个越来越美的女人还总结道:"我觉得心态很重要,保养皮肤关键是心态。第二是自己照顾自己好一点儿,睡眠好,多吃一点儿好的东西。第三是心情,我觉得笑容和眼神是从里面出来的,这是保养所不能做到。最好不要做太多自己不喜欢做的事情,有机会的话就选择一些让自己开心的事情做。"

果果的小心得

其实,张曼玉真正的美丽在于她内心的丰盈,美女不仅是外表要长得好看,自信、修养、知识更重要,知识会让女人变得更加自信,尤其是随着年龄的增长,更应该随时跟社会保持联系,通过学知识来"保养"自己,不与时代脱节。这种通过学习培养起来的知性气质是永远不会老的,这或许也是张曼玉越来越美、永远出众的秘诀之一吧。

"危险年龄"是怎么回事

老师在卫生课上讲过:青春期是我们在成长过程中的一段"危险年龄"。为什么这样说呢?

因为,首先,在进入青春期之后,很多同学的思想、情感和性意识开始萌动,但是又常常非常的不成熟,还不能很好地分辨是非、分清优劣,容易受到周围的人和环境的影响。如果一旦遭遇到不良的引导和蛊惑,很容易会接受错误的观点。

再有一点就是进入青春期之后的我们会出现越来越强烈的独立意识,使我们的逆反心理加强,在我们班上就有很多同学不愿意接受爸爸妈妈的管教,也不愿意与他们多交流,甚至是故意去违背他们的意愿以示"反抗",或者是以

"隐私"为借口拒绝大人的指导和帮助。

因为我们长大了，所以会时不时地自以为是，所以说进入了"危险年龄"。因为，一个涉世未深的孩子，本来对是非善恶没有太强的辨别能力，如果不愿意听从父母长辈的教导，那将是件危险的事情。

在我的同学当中就有这样的，他们什么事情都不愿意和父母沟通，认为父母太唠叨，认为父母的观念过时了，认为父母过多的管束制约了他们的成长，这样的同学大部分脾气比较易怒，甚至在晚上彻夜不回家，家长都不知道他们去了哪里。

不过还好，我一般不怎么发脾气，我觉得我有一个了解我的好妈妈，她还能在生活上给我很多的帮助和指导，感谢都来不及，怎么可以发脾气呢？

妈妈对我说

很多女孩都会有这样的体验，进入了青春期就不再是"乖乖女"。青春期的情绪，有时像一轮冉冉升起的朝阳，总是充满着无限的活力、希望和快乐；有时又像一艘难以驾驭的航行在茫茫大海里的航船，随时都有遭遇风暴袭击的危险。很多女孩子进入青春期后不仅身体见长，脾气也见长，言语和行为上都有很大的改变，尤其是批评不得，常常不讲道理地乱发脾气。难以驾驭的情绪变化、冲动易怒的脾气和随之而来的烦闷心情，这不正是处于青春期的女孩们最典型的情绪特征吗？

从生理上来说，据国内外专家的研究，青少年性激素的分泌，比其性发育前增长了8~16倍。成长的加速度就是一种"生理能量"，同时有些孩子神经系统本来就属于"强型"，例如，心理学中所说的"胆汁质"或"多血质"的气质类型，当然就更是"不由自主"地容易冲动了。从心理特征上来看，孩子进入青春期以后，成人感和独立意识渐渐成熟，所以这个时期的孩子们总是想在自己的事情上自己做主，想得到别人的理解和尊重。与此同时，日渐多元的社会文化和时尚观念无时无刻不吸引着成长中的女孩们。他们渴望参与精彩的社会生活，期望体验各种时髦的东西，常常会与父母、老师"对着干"。

"生理能量"如果没有健康的释放渠道，就可能转化为一种"心理行为能量"，正如平日所说的，"有劲没处使"，这种能力释放的破坏作用是非常危险的。冲动易怒、脾气暴躁是一种极其消极的情绪，这不仅对个人的身体健康、个性培养不利，而且也会对身边的朋友、亲人造成伤害，走向社会后更是影响着人际关系的形成，影响着一个人的进步和成才。

　　相信青春期的你们也会有这样的烦恼——"总爱发脾气怎么办？"方法是多种多样的，只要你真的用心去尝试。

　　要勇于承认自己爱发脾气，以求得他人帮助。如果周围人经常提醒、监督你，那么你的坏情绪会得到抑制。同时，意识控制也是一种很好的方式。当情绪即将爆发之时，可以进行自我暗示，提醒自己保持理性，暗暗告诉自己"别发脾气，以免伤己伤人"。相信每一个有涵养的人都可以做到。更重要的是，凡事要将心比心、推己及人，如果任何事情你都能够站在对方的立场来想一想，那么你会觉得似乎没有理由再发脾气。另外，宽容永远是一种高贵的美德，当你能够做到"笑口常开""大肚能容"时，冲动易怒的坏毛病也就自然消失了。

　　青春期的女孩们，试着从现在开始，学会克制，学会宽容，告别冲动易怒的"小刺猬"吧！要相信，深厚的涵养足以使一个人获得良好的人际关系并赢得众人的尊重，也可以使一个人从此具有一种人格的魅力、一种高贵的光芒。

果果的小心得

　　原来"危险年龄"是这么一回事啊！看来以后我不能老是自己胡思乱想了，有问题一定要及时寻求妈妈或者老师同学的帮助，为自己的坏情绪找到合适的宣泄口，安全度过"危险年龄"。

越来越在意别人如何看待自己

放学之后,我闷闷不乐地回家了。妈妈看到我这副样子,感到很奇怪。

"平时总是爱说爱笑的小女孩,今天怎么一脸的愁苦呢?遇到什么困难了?让妈妈来帮助你吧。"妈妈在一旁关切地询问我。

"妈妈,我从今以后对自己再也没有自信了,原来我的缺点这么多。"我说着说着,眼泪就快要掉下来了。

"怎么了?我们家的果果是个很好的小女孩啊!谁说果果不好啦?"妈妈看我这个样子,更加纳闷了。

"是这样,今天评选三好学生,老师将名单贴在班上进行公示,让同学们踊跃地提出我的优点和缺点。结果,我得到了一大堆的缺点。"

我把一张纸拿给妈妈看,那是同学对我的评价的汇总:

优点:开朗喜欢笑,对同学很友善;勤奋好学,而且也刻苦努力;团结同学,从不会和同学吵架或闹别扭。

缺点:学习成绩不稳定,忽高忽低;对同学不够一视同仁;不能积极主动地帮助同学;有时打扫卫生不认真。

妈妈看了之后,笑着说:"果果,你的优点也不少啊,你怎么没有看到?"

"他们说的优点我觉得都说得对啊,关键是他们给我提的缺点让我心里有点难过,原来在同学的眼中,我有这么多的毛病。"

"噢,我明白了。"妈妈笑着帮我分析问题,"果果,你也是只喜欢听好话的孩子吗?有一种小孩只喜欢听别人夸,不喜欢听别人说他的缺点,这样的孩子还会有进步吗?"

我不好意思地笑了。

"如果你觉得别人对你的评价是对的，就应该虚心接受，即便是觉得他们说得不对，也要好好反思自己，是什么原因造成别人对自己的这种印象，这样想的话才不会辜负同学给你提的这些意见，对吗？"妈妈问我道。

"嗯。"我点点头。

听了妈妈的话，我心里不再难过了。

妈妈对我说

驾驭自己就是要相信自己，对自己充满自信，永远保持一颗坚定的心，这样你的未来就会在你的掌控之中，那种前途未卜的庸人自扰的想法也就灰飞烟灭了，还有什么可担心的！

保持信心就如同争取高贵的名誉一样重要，信心是走向成功的最有力的保障。因为生活就是这样，有时决定你成败的不是能力的高低，而是你是否有信心，是否相信"我能行"。每个人的能力大小虽然各不相同，但如果一个人具有成功的信念，肯定会对他的能力产生影响。

生活中，一个缺乏信心的人，就如同一根受了潮的火柴，是不可能擦亮希望的火光的。在生活中，才能并不出众、表现平平、安分守己的人占大多数，但平凡不等于平庸，连古人都说"天生我材必有用"，难道我们就那么在乎别人的眼光，只能坐以待毙等待别人的评价吗？

无论一个人多么聪明，多么有才华，如果他对自己的聪明才智不能给予肯定，没有一点自信，那么他实际上什么都没有，只不过是一个摆设而已。

任何一个成功的人都对自己的能力、实力等有一个准确的定位，他会对自己所具备的能力非常自信，也有足够的能力说服自己、认可自己。

英国历史学家弗劳德说："一棵树如果要结出果实，必须先在土壤里扎下根。同样，一个人首先需要学会依靠自己、尊重自己，不接受他人的施舍，不等待命运的馈赠。只有在这样的基础上，才可能做出成就。"

有一位书法家把自己的一幅佳作送到画廊里展出，他别出心裁地放了一支笔，并附言："观赏者如果认为这幅字有欠佳之处，请在画上做记号。"结果字面上标满了记号，几乎没有一处不被指责。过了几日，这位书法家又写了一张同样的作品拿去展出，不过这次附言与上次不同，他请每位观赏者将他们最为欣赏的妙笔都标上记号。当他再次取回作品时，看到上面又被涂满了记号，原先被指责的地方，却都换上了赞美的标志。

这位书法家不受他人的操纵，所以在任何情况下，都不会迷失自己，都会有完全的自信。正像林润翰先生所言，他"自信而不自满，善听意见却不被其所左右，执着却不偏执"。

美国前总统罗纳德·里根曾立志要当总统，并相信自己一定可以成为总统。

从22岁到54岁，里根一直在文艺圈中，对于从政完全是陌生的，更没有什么经验可谈。但当机会到来，共和党的保守派和一些富豪们竭力怂恿他竞选加州州长时，里根毅然决定放弃大半辈子赖以为生的原职业，坚决地投入到从政生涯中。最后，里根成为美国第39任总统。

天底下最难的事莫过于驾驭自己，这绝对是个很大的挑战，怎么才能不虚度一生呢？怎样才能知道自己选择了合适的职业或恰当的目标呢？与其让双亲、老师、朋友或经济学家为我们制订长远规划，还不如自己来了解一下我们"擅长"做什么。

明确了目标后，行动不可能是一帆风顺的，但是我们要学会适应，就是把困难作为正常的东西加以接受。生活中的逆境和失败，如果我们把它们作为正常的反馈来看待，就会帮助我们增强免疫力，防御那些有害的、具有负面影响的反应。

其实，驾驭自己最重要的是有勇气、有自信改变自己的命运。

种瓜得瓜，种豆得豆，我们所得的报酬取决于我们所做的贡献。你一定会为自己在生活中的位置或者荣获赞誉，或者蒙受耻辱。有责任心的人们关注的是那些束缚自己的枷锁，在关键时刻，宣告自己的独立。

果果的小心得

不论别人如何评价我们，都不要对自己丧失信心。缺点是人人都会有的，不要因为别人的评价而丧失了对自己的自信，那损失就大了。从现在开始，把自己的命运掌控在自己的手中吧，做自己的主宰，用自己的奋斗营造自己的未来，这将是人生中最有意义、最有价值的一件事。

第四章 善待自己
——给需要保护的你

自觉拉响安全警钟

安全出游小贴士

躲开那些不靠谱的"江湖术"

不容忽视的急救小常识

做饮食安全小卫士

传染病的预防

自觉拉响安全警钟

"当当当——"屋外有人敲门,但却不说话。

"是谁?"我问了一句,当时屋里只有我一个人,可是外面仍旧没有人搭话。

那个神秘的人拧开了我家的防盗门,开始直接敲我家的木门。糟了,妈妈出去的时候我忘记锁防盗门了。

"当当当——"这声音听起来这样刺耳。可是这个人到底是谁啊?

我躲在屋里,有点害怕了。再次鼓起勇气大喊一声:"你到底是谁啊?"可奇怪的是外面的那个人仍然不说话。

让他在外面敲门吧,我不理他就是了。可是,如果他把我家的门撬开了怎么办?我一个人在屋里,越想越害怕。情急之下,我马上拨通了妈妈的电话:

"妈妈……防盗门没有锁……有个人在一直敲门不说话……我害怕……他在撬门。"

"果果,你冷静一点,我就在楼下,马上回家。"

我心里一下踏实了,跑到门口听听一会儿妈妈会和那个神秘的人说什么。

"请问您找谁?"我听到了外面妈妈的声音。

那个人依旧不说话,不知在外面做什么,然后就走了。妈妈在外面喊:"果果开门吧。"

"妈妈,刚才外面的那个人是个什么人,吓死我了。"

"他是个聋哑人,而且看样子是从很穷的地方来的,只是想讨一点钱,没有别的恶意。"妈妈向我说道,"不过,果果你这样做是对的,对待陌生人一定要多几分防备才行。害人之心不可有,防人之心不可无啊。"

> **妈妈对我说**

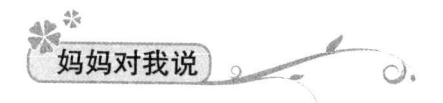

"小妹妹,我是修水表的,你爸妈打电话让我现在过来,给我开门吧。"

"小同学,你看,我手机没电了,我又急着找我儿子,他在上大学,我找他有急事,你手机借我用一下行吗?用完了就还你。"

很多情况下,我们往往是不假思索地就相信了对方,开了门、递给对方手机,而却没有意识到要保护自己,这不能不说明我们自我保护意识太过于薄弱。妈妈给你讲一个真实的案例。

1998年11月18日是"流星雨之夜"。凌晨3点多钟,北京市八里庄地区14岁的女中学生马某和她表弟在看完流星雨回家的路上,遇到了罪犯庞某。庞某自称是联防队员,要察看马某的证件。当马某的表弟被支走回家取学生证时,庞某以去派出所为由将马某带上出租车,随后诱骗到一公园内隐蔽处,猛然将马某摔倒在地,并用木棍殴打马某的头部,见马某昏死过去,便对其进行人身侵犯。当庞某发觉马某已经死亡时,便用草覆盖尸体后逃逸。

据庞某交代,他将马某带走的路上,曾不止一次遇到行人,当时他心里很紧张,但马某并没有呼喊求救。另外,罪犯遇到马某姐弟的地方,离马某的家不过300米!距离凶案现场却有很长一段路程,庞某还打了一辆出租车。事后据那位出租车司机反映,当时马某是自己打开车门上的车,一路上,她也一直没有向司机示警或求救。那位司机说:"这个小姑娘死得太可惜了,其实当时只要她有一点暗示,我肯定会帮助她。"

女孩的死给我们以警醒,我们也不难看出正是因为她毫无自我保护意识才给不法分子提供了可乘之机,悲剧也由此展开。这样的事例不在少数,这要求我们一定要时刻保持警惕,并增强观察、识别能力,不被坏人的甜言蜜语所迷惑,谨防上当受骗。

不光如此,我们还要学会在适当的时机与歹徒巧妙周旋、斗智斗勇,尽力保护自己。如何帮助自己树立强烈的自我保护意识并尽可能地实行自我保护呢?不妨从以下几个方面做起:

(1)遇事要冷静,不要让所谓的哥们儿义气害了自己,也害了朋友。学

会拒绝不正当要求，坚决不与坏人同流合污。

（2）不要随意泄露个人及家庭情况，以免被不法分子利用。

（3）独自在家时，不要给陌生人开门。如有人撬门爬窗，应立即大声呼救或电话报警。

（4）平时尽可能多地学一些法律知识，学会用法律武器保护自己的合法权利。

（5）遭到严重暴力侵害时，如绑架、劫持等，一般不要与其硬拼，但更不要吓得不知所措，屈服于恶势力。这时要镇静、机智地与之周旋，以寻找机会脱身并报警。

果果的小心得

生活有美好、阳光的一面，但生活中也处处存在着危险。我们正处于成长时期，阅历相对简单，社会经验相对不足，鉴别是非的能力也较弱，所以更应该加强自我保护意识，从而将伤害降低到最小。

安全出游小贴士

今天我和媛媛一起出门，经历了惊险的一幕。

我们在公交车上有说有笑，这时我发现旁边有一个人把手悄悄地伸进了媛媛的包里，而媛媛却毫无察觉，继续和我有说有笑。

我很着急，用眼睛向媛媛示意，可是媛媛并没有留心注意，继续讲那个她认为很好笑的故事。

她怎么还没有反应？我一着急，拉了她一下："媛媛，我们站这边。"可是媛媛丝毫没有猜到我的意思，继续讲她的故事。

"媛媛，你的包……"如果我再不说破的话，估计媛媛包里的东西就要被人偷走了,媛媛这才意识到,回过头看了一眼:好家伙,那个人已经翻到了钱包,正在往外拿了。媛媛狠狠地瞪着他:"你……"

"看什么看,有什么好看的,哼!"那个人眼看阴谋没有得逞,居然理直气壮地把媛媛训了一通,似乎媛媛是个贼……

妈妈对我说

现在人们的生活条件普遍优越,一个十几岁的女孩,往往都会拥有几件比较贵重的物品。在携带贵重物品外出的时候,就要防止他人的抢夺或是盗窃。千万不要以为在白天就没事了,不要有侥幸心理,培养自己的防范意识才是最安全的。

如果是把财物放在包中外出,要尽量做到包不离身,包不离手。最好是把包挎在身上,如果是不能斜挎的侧背包,要用手捂住包或用手臂夹住包。如果是手提包,就要紧紧地抓住包,不要松手,防止歹徒趁人不备把包抢走。

骑自行车外出,如果是把包放在车筐里,要记得把包带缠牢在车把上。假如发现了车轮出现故障转不动,首先要把车筐里的包抓在手上,然后检查车轮故障,防止坏人趁机拿走你的包。

每当假日来到,可能有很多同学想外出旅游或者是到亲戚家做客。当你到达目的地的时候,迎面而来的经常是一大批的拉客者。这时,你可一定要小心谨慎了。在现实生活中,因为轻易相信拉客者的花言巧语而受骗上当的教训实在是太多了。

所以,当我们在没有父母的陪同下独闯外地,对那些拉客者应始终保持清醒的头脑,如果是到亲戚家,那么最好不要理睬那些拉客者而是直奔目的地;如果你是去旅游却事先没有联系好住的地方,那么你应该根据自己的经济状况,选择合适的旅社投宿,那些没有营业执照的"地下旅舍",切不可住。万一你发现自己被人骗了,也要机智一点——先把拉客车辆的车牌号记下来,再记下他们旅社的门牌号码或具体位置,随后拨打110报警,或者等到第二天,你假装外出旅游,再向有关部门举报。

外出旅游，掌握一些有关的知识，对于健康和安全都是十分有益的。

外出旅游的时间，以选择气候适宜、风景优美的春秋两季为宜。此外，在感到身体不舒服或者是在患病期间，也不适宜外出旅游。还有就是紧张的考试刚刚结束时，也不宜外出旅游。因为在连续考试阶段，人的大脑和神经高度紧张，可能有的女孩会错误地认为，考完试之后应该出去旅游，松弛一下神经，有利于迅速调整、恢复神经。但实际上，这种做法是有害身体健康的。医生告诉我们，人的中枢神经系统要想从一高度集中的状态松弛下来，需经过几天的休息调整。而随即的外出旅游会使体力大量消耗，造成劳累，这对学生的身体素质影响很大，极易致病。

外出旅游的衣着，应该根据季节、气候的变化和旅游活动的特点而有所选择。外出旅游穿鞋也是有讲究的。最好选择旅游鞋或者是球鞋，因为这些鞋子是平跟的，而且质地较软，具有弹性，穿着舒服，可以预防在山地或坡路上行走时扭伤，有助于缓解因长时间步行双足产生的疲劳。

还有就是，旅行中的饮食也关乎我们的健康，健康是愉快旅游的前提，所以不可以忽视。最关键的一条原则是，在饮食中要讲究卫生和营养。

不管外出者怎样注意身体健康，也不管外出旅游者原来的体质如何强健，在旅途中都不可避免会犯点小毛病，所以外出旅游的学生应该根据自己的体质情况，有针对性的带上一些常用药物，以备病时能随即进行简单的自我治疗。

果果的小心得

旅游本来是一件特别美好的事情，但是如果我们不注意安全，不仅玩不好，反倒还可能让自己受伤害。我要把妈妈今天跟我讲的这些整理一下，然后记在笔记本上。这样以后出门我就知道都要注意些什么啦！

躲开那些不靠谱的"江湖术"

最近,班上特别流行用星座理论来算命,比如葱头对此就尤为投入。

作为葱头的好朋友,我太了解她的变化了,自从她开始研究星座之后,逢人就免不了问一句:"你是什么星座的?"

"葱头,星座很有趣,随便玩一玩就行了,你真的把它当成学问来研究吗?"葱头自己新买了一个文件夹,把她自己研究的资料整理好,小心翼翼地放在里面存档,什么"四十八星区图""十二星座谱""星座与血型对照",反正让人感觉比较崩溃。

"果果,你听我说,星座这个东西,它是有科学依据的,根据我的研究,是这样的一个情况。"葱头极力纠正我对星座认识的"误区",企图用"科学"来解读星座,"你看,人在不同的月份降生的时候,由于这个月的星座与地球特殊的磁场关系,人就多少带上了星座的个性,所以不同星座的人个性鲜明。"

葱头根据这一重大理论,发现星座中有很多值得研究的内容,从此一发不可收拾,成了地地道道的"星座教主",我们经常可以听到她的讲演:"星座是在人类的天文地理知识极大丰富之后才有的理论,可以说是人类文明不断发展的产物,星座占卜的最初目的,是根据人们出世时行星和黄道十二宫的位置,来预测他们一生的命运。后来以此发展成为几个分支,一种是专门研究重大的天象(如日食或春分点的出现)和人类的关系,叫作总体占星术;另一种则是选择行动的吉祥时刻,叫作择时占星术;还有一种叫作决疑占星术,根据求卜者提问时的天象来回答他的问题……"

"但是还有一点我弄不明白,就是星座理论中所谓的幸运日、幸运数字和幸运颜色是怎么来的,我一定坚持研究下去。"

唉!这个葱头,我真服了她。

妈妈对我说

一般而言,人们都希望能够预知自己的未来,还希望自己现在所做的事情能够得到外力的积极帮助,迷信活动运用的便是这种心理,而同学之间玩一玩"扑克算命""看手相"也是这种心理的一种反映。玩而不信算不上是迷信活动,但是不要痴迷。

迷信活动不仅荒诞,而且对青春期女孩的成长是极为不利的。

1. 影响青春期女孩的心理发育

青春期女孩的心理尚未完全成熟,而热衷于迷信活动很容易导致心理负荷和承受能力之间的平衡失调,甚至会产生一些心理偏差。如果卜算的结果并不好,就有可能对女孩造成不好的心理暗示,长此以往,肯定是不利的。在成长的过程中,女孩如果一旦碰到了困难和挫折没有得到正确引导,就极容易受到各种迷信活动的影响,轻信荒唐的迷信预言。

2. 参加迷信活动不利于青春期女孩树立正确的人生观

青春期女孩缺乏足够的鉴别能力,而且心理承受力尤其脆弱,如果经常接触这些迷信活动,很容易在碰到挫折的时候为自己找到借口——一切都是命运的安排,导致逃避责任和不敢面对困难,不思上进,完全把希望寄托在荒诞的猜测上,将整个人生建立在虚幻的运程上,陷入唯心主义和命定论的泥潭而不能自拔。长此以往,必将形成错误的世界观和消极的人生观。

3. 热衷于迷信活动一定会影响到正常的学习生活

大多数流行于学生中的迷信活动具有刺激性、神秘性、交流性和娱乐性,这些迷信所带有的明显特征却恰恰契合了青春期女孩好奇心强、寻求刺激的特点,加之自控能力差,很容易沉湎其中,甚至她们对于迷信的一些东西非常熟悉,迷信的东西比科普知识还要普及。这无疑会对学生的正常学习活动产生严重的影响，也会败坏校园健康向上的学习风气。

4. 迷信活动也会给社会治安带来隐患

近年来，我们也经常可以听到一些由于迷信上当受骗的案例，社会上利用封建迷信扰乱社会治安的事情也时有发生，足够引起我们的重视。作为一个学生，我们不应该传播或参与封建迷信活动，因为我们的是非观并未完全建立，而且我们在求学阶段还有更重要的事情要做，对吗？

正常的宗教活动与骗人的迷信活动的主要区别是：后者是以骗人、坑人钱财为主要目的，甚至是有意触犯法律。因此，即便是最虔诚的宗教人士都会对迷信活动加以抵制反对的，而我们就更不应该相信，你说是不是呢？

果果的小心得

其实我也觉得星座挺有意思的，有时候也会看一些关于这方面的文章，但我绝对不会像葱头那样。妈妈说得对，太过沉迷其中其实就是一种迷信了。看来我必须提醒一下葱头，不能把过多的精力花在这个上面。

不容忽视的急救小常识

我们一起来到了美丽的城市中心公园，暖风习习，吹得人很舒服。葱头向大家建议："我们去坐游艇，好不好？"

正当我们要表示赞同的时候，忽然发现一只游艇意外地翻了，船上的游人都纷纷落下了水。

"啊！你们快看，那里有一只游艇翻了！"花花大叫起来。

"那船上的人可怎么办呢？"媛媛看到了一阵着急，"我们都不太会游泳，怎么办？"

不过还好，很多人注意到了那边有落水的人，而且正巧的是在不远处有一群游泳爱好者在锻炼身体，当他们看到有人落入了水中时，都游了过去，没过多久，大家就都获救了。

真是惊险的一幕，我们也都长舒了一口气。

"那……我们还要不要坐游艇？"葱头再次征求大家的意见。

"嗯……咱们还是玩脚踏船吧。"我换了主意。

妈妈对我说

果果，在生活中我们常常会遇到一些意外情况，这时，掌握一些急救小常识往往能发挥大作用。妈妈今天就给你讲一些特别管用的急救常识，你要用心听好哦。

首先，是溺水。溺水对生命最大的威胁是水能堵住人的呼吸道，造成窒息缺氧死亡。溺水往往具有发生突然、危险进程快的特点，一般情况下4～6分钟就可能因呼吸和心跳停止而死亡。所以如果是自己不慎落入水中，应该采取一些自救方法：

（1）保持镇静，采取仰面位，即在水中头向后仰，口鼻向上并尽力露出水面。

（2）呼吸要注意做到呼气浅而吸气深，并防止发生呛水。

（3）不要向上伸手臂进行挣扎，这样只能使人加速下沉。

（4）因腿抽筋不能游动导致下沉时，应及时呼救；如附近无人，应保持镇静，设法向浅水或岸边靠近。

其次，关于火灾。火是一把双刃剑，一不小心就会引火烧身。所以不要随意玩火，遇到火灾，一定要保持冷静，不要慌。

如果不幸遭遇火灾，应采取正确有效的方法自救逃生，减少人身伤亡。如果火势很大，身处楼房时不要盲目开窗，也不要盲目乱跑，更不要跳楼逃生，你可以躲到未起火的房间或者阳台上，并且紧闭门窗，隔断火路，等待救援。有条件的，可以不断向门窗上浇水降温，以延缓火势蔓延。

如果火势太猛，必须从楼房内逃生的，可以从二层处跳下，但要选择坚硬的地面，同时应从楼上先扔下被褥增加地面的缓冲，然后再顺窗滑下，要尽量缩小下落高度，做到双脚先落地。另外，在有把握的情况下，可以将绳索（也可用床单等撕开连接起来）一头系在窗框上，然后顺绳索滑落到地面。

如果外出活动被困在商场等高楼里，应当利用周围一切可利用的条件逃生，记住要利用消防电梯、室内楼梯进行逃生，普通电梯千万不能乘坐。同时发生火灾时，商场可能会乱成一团，所以逃生时应紧紧地抓住楼梯扶手，以免被混乱的人群撞倒；另外，也可以利用阳台、过道以及建筑物外墙的水管进行逃生。

再次，当我们遇到地震发生时，一定要做到：

（1）争分夺秒最要紧。地震时，门框会因变形而打不开，所以在防震期间，最好不要关门。夜间地震时，要争分夺秒向安全地方转移，不要因寻找物品和穿衣而耽误时间，如有可能，要立即拉断电源，关闭煤气，熄灭明灯。震时照明最好用手电筒，不要使用蜡烛、火柴等明火。

（2）一旦被埋要保存体力。地震时，如已被砸伤或埋在倒塌物下面，应先观察周围环境，寻找通道，千方百计想办法出去。若无通道，则要保存体力，不要大喊大叫，要静听外面的动静，如听到有人走过的声音，可敲击铁管或墙壁使声音传出去，以便救援。同时要在狭小的空间里，寻找食物维持生命，创造生存条件，耐心等待救援。

（3）地震时不要急。破坏性地震从人感觉振动到建筑物被破坏平均只有12秒，在这短短的时间内你千万不要惊慌，应迅速根据所处环境做出保障安全的抉择。

最后，跟你讲讲发生车祸时该怎么办。在车祸中，容易造成各种伤害，如骨折、骨裂、脑外伤、内脏器官损伤等，因此车祸中的防护方法显得更为重要。应用得当，能够最大限度地保护自己，降低伤害。

如果在车祸中受伤出血，可以把身上的衣服撕成布片，对出血的伤口进行局部加压止血。在大量出血时最好能用毛巾或其他替代品暂时包扎，以免失血过多。

骨折受伤时不要贸然移动身体，不要乱动或错误包扎，确实需要搬动时，一定要确定伤肢不会发生相对移动。找木板或较直、较粗的树枝，用三根固定带将2～3块木板在伤肢的上、中、下三个部位横向绑扎结实。

发生颈部损伤时不可随意挪动，否则很有可能形成永久性的伤害甚至瘫痪。头部发生创伤时要将身体平放，头稍垫高。腹部损伤时应把内脏尽量在原来的部位拿一个容器扣在腹壁上，不要把内脏放入腹腔内，以免造成腹腔感染。

一旦发生车祸，千万不可惊慌失措，因为急躁会增加出血量，增加人体耗氧量，反而加重伤情。同时千万不要忘记拨打110和120，这样能够使自己在最短的时间内得到外部的支持和救援，这样生命就多了一份保障。

灾难是不期而遇的，但是只要做好准备，没有什么可怕的，因为你的力量是薄弱的，但你的智慧是无穷的，只要有足够的准备加求生的欲望，再大的灾难也能躲过去。

果果的小心得

世界在瞬息万变，下一秒到来的究竟是幸运还是不幸，没有一个人能够完全有把握地告诉你。那么，既然这样，倒不如在平时多多武装自己，增强自己自救的能力，这样，便可以在很大程度上做自己的拯救者。有这么一句话，"上帝只救自救者"，那就让我们学着成为拯救自己的上帝吧。

做饮食安全小卫士

我们到农家小院来旅游，吃好了、睡好了我们准备到山上去玩一玩，感受一下原生态。

花花的眼睛总是可以物色到最新奇的事情，她拉着我们大叫："你们看，那边的是不是西红柿？"

"哪里？根本没有啊。"我们都没有看到。

"哎呀，就在那个藤架上的。"花花把我们带到那里一看，原来是一片绿色的果实，形状和外观都酷似西红柿，只不过颜色是绿色的。

"我长这么大都没有见到过绿色的西红柿啊。"葱头说道，"这个不是吧，花花。"

"我在市场上见到过黄色的小西红柿，这种应该也是一个新物种吧。你们想如果这不是可以吃的东西，怎么能用藤架种呢？"

我们想想，觉得花花说得也有道理，于是每个人都摘了一点，不过我们谁都不敢吃。

"我们还是问问当地的人再吃吧，如果万一他们种的这种不是给人吃的呢？"我心里有点犯嘀咕了。

我们摘了这种绿色的西红柿，继续往前走，结果花花又有了新发现：

"你们看，那是木耳！"我们顺着花花手指的方向看过去，果然是木耳，只不过比市场上卖的那种颜色要浅得多。

"这个应该也可以吃吧。"花花把它摘了下来，准备拿回去问问当地的人。

我们在山上逗留了一天，到了晚上才回去。回到安静的小院，我们问了问小院老板这些东西究竟是否可以吃。

"这种绿色的西红柿，你们尝一尝，特别甜，比那种红色的要甜得多。"他说着还从外面接过来一盆井水，将果实泡在里面又拿了出来，我们迫不及待地拿过来吃，果然很甜。

"嗯，真好吃。如果您不说，我们都不敢吃呢，怕中毒。"

"是的，在山上找东西吃一定要小心，很多食物如果不小心食用，进入到人体之后就会产生毒素。一定要确定可以吃之后再食用。你们拿来的这种木耳我都没有见过，所以我也不知道它能不能吃。"小院老板说道。

"是这样，花花，我们拍个照片留纪念吧，别尝了。"我们为那个与众不同的木耳拍了一张特写。

妈妈对我说

一些不良的饮食习惯，青春期正在长身体的女孩们应尽量避免：

第一，不吃早餐，却常吃夜宵。

第二，经常大量食用冷食。过食冷饮会引起胃肠道内温度骤然下降、局部血液循环减缓等症状，影响对食物中营养物质的吸收和消化，甚至可能导致消化功能紊乱、营养缺乏和经常性腹痛。

第三，饭前饭后吃水果。吃水果的正确时间是饭前一小时和饭后两个小时左右。另外，不要在晚上睡觉前吃水果，不然充盈的胃肠会使你的睡眠受到影响。

总之，生活中有很多饮食安全常识，我们不可能全部知晓，并在生活中完全按照规则去饮食，但是掌握一些最基本的方法，并尽力去避免因饮食不当带来的麻烦，是非常有必要的。

果果的小心得

饮食里面的学问也是很大的，以后不能只贪图美味就胡乱吃东西。必须要有一定的饮食常识，科学搭配，并养成良好的习惯，这样身体才能摄取足够的营养，帮助我们健康成长！

传染病的预防

"自从爆发了禽流感，我就再也不吃鸡肉了，连鸡蛋都吃得很少，因为这种动物已经不正常了。"花花说道。

"其实用不着这样担心，妈妈告诉我说只要是做熟了吃，是没有问题的。"我安慰她说。

"真的吗？"花花有点怀疑。

"当然是真的，你想想，扒鸡店的生意现在好着呢，我们家门口还新开了一家烤鸭店，每天都有很多人排着队去买。如果大家都像你一样，那连肯德基也早都关门了吧。"我安慰她说。

"难道大家都不担心被传染上疾病吗？"花花觉得很纳闷。

"不是的。因为通过接触禽类肉被传染禽流感，只是禽流感的传播方式之一。如果你真的想预防的话，还要多从几个方面做好防护，只是戒掉鸡肉是不管用的。"其实，我看花花傻起来也挺可爱的。

"原来是这样，果果。唉！其实我早就想去买烤翅了，就是不敢去。"花花不打自招，把实话说了出来。

"那好，我们一起去吧。"

"好。"

妈妈对我说

禽流感是禽类流行性感冒的简称，是由甲型流感病毒所导致的传染病，高致病性禽流感是其中较为严重的一种，发病率和死亡率都很高，危害极大。由于目前还没有治疗人类禽流感的特效药，所以最好的方法是在日常生活的各个方面做好防护，在衣食住行各个方面都多加注意。

（1）在饮食方面，一定要将禽类的肉煮熟煮透之后再食用。

（2）要养成良好的个人卫生习惯，做饭时一定要坚持生食与熟食分开，比如切生肉的案板和刀就最好不要再去切熟食，否则直接入口的熟食就容易沾上病菌，假如这只生鸡正好是一只病鸡，那么人就很可能被传染上禽流感。

（3）不要喝生水，鸡肉、鸡蛋之类的食物一定要煮熟了吃，用高温加热是消灭禽流感病毒的最好方法。

（4）养成勤洗手的习惯，把可能存在的病毒清洗掉。因为在公共场所中很可能会接触到病毒，如果不及时洗手清除掉，被传染上的概率就比较大。

（5）居住的环境最好经常开窗通风，每天要定时开窗通风换气两次。因为在直射阳光下特别是在紫外线的照射下，可以迅速破坏感染性。而且新鲜的空气有稀释病毒、清洁室内空气的作用。

除了禽流感，还有一些病也是会传染的。我们必须了解这方面的知识，才能好好保护自己。

果果的小心得

面对传染病我们的确需要十分小心，采取预防措施来保证自己的安全。但是我们也不应该将传染病想象得太可怕。如果我们身边有朋友得了传染病，我们不能因此就疏远他，而是应该和他友好地相处。毕竟生病不是他的错，我们只要做好预防措施，是不会被传染的。

第五章
腹有诗书气自华
——给苦练『内功』的你

爱学习不如会学习

休息也是学习的一部分

读万卷书，行万里路

用最少的时间，收获更多

找准自己的方向

相信我能行

爱学习不如会学习

"果果,你看看'椭圆'的定义,这里有没有什么问题?"媛媛拿着数学课本过来问我。

"不是吧?这又不是哲学课本,是数学课本,你干吗去抠什么定义啊,知道椭圆长什么样子不就行了?"我还没说话呢,花花就把我的话给抢去了。

"谁说数学课本就不能抠定义了?它好歹也是一个概念,我要是不弄清楚'椭圆'的概念,接下去我要怎么计算椭圆方程呢?"媛媛不甘示弱,"果果,你说我说得对吧?"

"死抠半天概念又能怎么样?最后还不是要能解答出应用题才算数。"花花看媛媛不理她,有点生气,"题目做多了,自然概念就理解了。"

"你说得是没错。不过,如果不先搞定概念,我可能就解答不出相关的题目。所以,果果,你给我解释解释这里吧。"媛媛果然好钻研,对自己认定的东西就是要追问到底,对自己不懂的问题就更要追问到底了。

妈妈对我说

果果,媛媛说得没错,不论是学什么,首先要弄懂人家在讲什么,也就是涉及的概念是指什么。读书来不得半点捷径,知道就是知道,不知道就是不知道,谁想通过"和稀泥"来过关斩将,恐怕结果只能是自己被"和"了。

每个概念都彻底地搞清楚,一条定理,已知条件和结论都了然于心,如何在证明中使用那条定理等,都弄得十分明白的话,下次如果遇到相关的概念,也就不容易搞混淆，不容易出错。不过，这样一来，本来很薄的一本书，可能由于学习者每条都抠得很严而变得厚实起来，这是一个由薄到厚的过程。

可以说，每门科目，不管文理，在初学的时候，都要经过这样一个过程。

在这个过程中，刚开始会有很多的疑问或者不明白的地方，这些地方常常需要查一些其他的资料才能让自己理解得更加透彻。查资料的过程，其实也是把原来薄薄的一本教科书加厚的过程，有了更厚重的专业知识背景。这个过程必不可少，它可以帮助你理解那看似简单的几句话的真正分量，有利于学习和记忆。

这个过程也许比较慢，要花一点功夫，但是经过一段时间的训练，比如说，理解了数学中的某个定理，然后做了大量的习题，并且同类型的题目都能保证准确无误。这时，你就会发现，原来它是要告诉我这样一个概念啊！原来用起来这么简单！这是一个由厚到薄的过程。

这两个过程放在一起常常被人们说成是"厚薄互返读书法"。这个读书方法其实是我国著名数学家华罗庚的首创，是他总结归纳出的一种读书规律和方法。实际上，在从"由薄到厚"的学习到"由厚到薄"的消化提炼的这个过程中，你学过的知识已经内化为自己所有的知识了。

那么这两个过程具体该怎样做呢？

第一步：确定该读的内容。没有目标的阅读有时候就像没有指南针的航海船不知道自己向哪个方向开，这是很危险的做法。所以，先得有个大致的目标范围和方向。

第二步：明确重点。内容定下来后，并不是所有的都需要你去抠。而是要明白在这些众多的内容中，哪些是重点要解决的对象。这时，可以用做笔记的一些方法对重点部分加以标记，以便下一步更仔细地学习。

第三步：反复理解、领会、记忆应该储存到脑子里的部分内容。万事开头难，尤其是阅读文科性质的材料时，刚开始的时候，可能有些地方不怎么理解，想记也记不住，不过别担心，继续往下看就好了，往往后面的内容可能解答你起初的疑惑。数理化等在了解了概念的基本含义后则要多做练习题。

第四步：归纳概括。每学完一个章节都应该有一个归纳概括的步骤。这时

可以做做笔记，用提要法来进行归纳，最好用自己的话把主要观点和内容表达出来。

第五步：适时复习。对学过的需要重点记忆的知识点，往往不是记一次就能一劳永逸的，所以，常常还需要大家根据记忆和遗忘的规律适时地加以记忆。

切实做到这些，具体来说：文科知识，回答自己提出的几个纲领性的问题；理科知识，能应用原理和公式解答应用题。这时，一本书就让你给完全读薄了：只剩问题和原理公式了。

那么，知识也就真正地学到手了。

果果的小心得

对学习光有兴趣是不行的，必须掌握正确的方法，这样才能让我们有效率地学好、学透，将知识真正融会贯通。妈妈说得对，要针对不同的科目，选择正确的方法。爱学习很重要，会学习更重要啊。

休息也是学习的一部分

最近课间休息时，大家似乎都不抓紧那十分钟努力做题了，而是听音乐的听音乐，下棋的下棋，有的同学还拿出课外读物，像《小溪流》《读者》《少年文艺》之类的书在阅读。

更奇怪的是，今天上午英语老师下课还放起了英语歌曲！

一向分秒必争的葱头忍不住放下笔，问我："果果，你在干吗呢？"

"我没干吗，在发呆呢。"

"发呆？为什么不利用发呆的时间记记英语单词。"葱头看着我奇怪地问。

"不能总是学习吧？这叫给大脑做体操。"我回答道，"你没听见老师都在课间放音乐了吗？"

"我说嘛，怎么最近大家下课了就在教室里闹，原来在做什么大脑体操。"葱头恍然大悟地说。

"那大脑体操都是什么，怎么做啊？"过了大约半分钟，葱头终于放下面子，决定一问到底了。

妈妈对我说

果果，虽然妈妈不提倡下课在教室里大吼大叫，不过利用课间十分钟适当地让大脑得到真正的休息是很好的。这样能为即将到来的课堂积蓄能量，让精神更集中。现在很流行一个说法就是：给大脑做做体操。

说得更简单点，就是更合理地使用自己的大脑，不要给它施加太大的压力。合理地学习的同时，也合理地休息。

加州大学洛杉矶分校记忆门诊与老化中心主任斯默尔在《让大脑变年轻》一书中提出，预防大脑加速老化，总比想办法修补受损脑细胞容易，对抗大脑老化永远不嫌迟也不会太早。

那么怎样才能延缓大脑老化呢？与其迷信神奇的聪明药，或花大把银子去上大脑补习班，不如试试以下7种在生活中就可以简单实践的大脑体操，培养健康的生活模式，让自己的大脑更灵光！

第一，玩出创造力。即使是初学者，面对需要动脑思考、判断、布局的游戏（如桥牌、西洋棋、象棋），每一步都能想出10种以上的玩法。纽约市爱因斯坦医学院一项21年的研究发现，每星期至少玩一次游戏（如西洋棋、桥牌等）的老年人，比不玩游戏的老年人罹患老年痴呆症的机会少50%。

虽然妈妈不提倡在上课期间让大家玩游戏，不过下课了，却可以玩一些简单的游戏，比如在多余的空白作业本上画画五子棋。但是上课铃声一响，必须把游戏收起来，同时把玩游戏的心也收起来。

第二，培养快速反应能力。一些电动玩具、小钢珠能训练快速反应能力，并且在快速集中注意力后得到相应的放松。乔治·华盛顿大学神经学教授瑞司塔克建议在工作的空闲时间玩丢纸团游戏：背对垃圾桶约六英尺处，手拿纸团快速转身将纸团丢进垃圾桶。不过妈妈不建议大家把教室的纸篓当训练靶子，用草稿纸来训练，那样教室就有可能出现垃圾遍地的凄惨景象。如果允许，可以和同学玩玩转身后迅速出"剪刀石头布"的游戏。

第三，生活里创造新的经验。一成不变的生活方式会扼杀脑力。杜克大学脑神经生物学家凯兹在《让你大脑new一下》中鼓励人们破除生活惯例，创造新经验。例如挑选全新的路线上班上学，搜寻新路上有什么声音、哪种味道、哪种风景，每天到不同的餐馆吃饭尝新滋味等，让感官经验多元化。

不过，妈妈不建议随意改变上学路线，因为万一时间来不及，或者就算来得及，走错了方向迷了路，导致上课迟到就得不偿失了。时间充裕的话，观察路边的风景或看看飞过的小鸟还是可以的，不过要保证按时到校。

第四，用音乐放松心情。一些实验表明，音乐对大脑还是有积极的作用的。尤其在人感到疲倦的时候，听听轻柔的音乐，常常会使大脑得到一定程度的放松和休息。不过，如果太累了，最好的方式还是睡一觉。

第五，阅读。阅读是一种全脑活动。阅读时，手要翻书，眼睛要动，书本上的字转成音、音储存到前脑变成意。每读一个字就会激发相关的字，因此也可以提升创造力和想象力。所以上完一节数理化课，可以拿出英语或语文书来读读。这其实也是让大脑做体操。

第六，运动。运动能让大脑年轻。运动会刺激天然抗忧郁荷尔蒙脑内啡的释放，减轻压力，不让坏情绪来捣蛋。有氧运动还能促进身体新陈代谢。伊利诺伊大学脑神经科学家克空比建议，每天15分钟的快走就能保持良好的体能状态，并减缓脑神经细胞的流失速度。所以，现在你们学校，每到第二节课后都要求大家到操场上去做广播体操，这也是给大家的大脑做体操。

第七，留白思考。大脑体操不是让大脑累到不行。斯坦福大学研究发现，实验室动物长期暴露在压力荷尔蒙下，会使海马记忆学习中枢有萎缩现象。心理学教授索罗门说，压力将使你无法集中注意力，大脑记忆能力也降低。因此，专家建议，工作再忙每天都要留白半小时到一小时，整理思绪，静坐、冥想都是减压的好方法。其实说白了，就是我们常说的发呆，什么也不想。这种方法有意思吧?

在每次大考过后,不妨用这种方法来试试,给自己的大脑做一做体操吧。

果果的小心得

不管用什么方法,学习都要劳逸结合,要学会生活,善待自己。什么时候我们学会生活了,才可能真正明白学习的内涵所在。

读万卷书,行万里路

"果果!果果!你知道我暑假去哪儿玩了吗?"花花神秘兮兮地跑过来问我。

"哪里啊?"我放下正在写作业的笔。

"湖南长沙!"花花十分得意的样子。

"去那里干吗?" 说到玩,我可开心了,不知道花花在那边看到什么好玩的东西了,那么兴奋。

"你还记得我们学古文的时候,学到'棺'和'椁'的区别不?"花花又开始装出一副自己很懂的样子。

"当然记得了。语文老师不是说了吗?'椁'也是棺材的一种,比棺大而已。"我也不甘示弱。

"你知道大多少吗?"花花穷追猛打。

"那我倒是不记得了。反正很大就是了。对棺材没概念。"我的自信心备受打击,说真的,当时老师教的时候,我就半懂不懂,什么棺啊椁的,它们的区别到底在哪啊。当时就简单扫了一眼,也就没管它了。

"我这次去长沙看'马王堆女尸展'的时候就亲眼看见椁了。好家伙,那

叫个大!"花花边说边比画,"那个椁有我们的教室这么高,宽比我们教室还宽,长就没这么长了,不过也已经很长了。我才明白什么叫'椁是周于棺'的意思,说白了,就是一个大盒子里面套一个小盒子。只不过那个大盒子啊,像一间房子那么大。原来这就是以前的达官贵人所说的厚葬啊。以后啊,再也不会把棺和椁弄混了。"

"看来你这趟旅行还真值啊。"看花花说得眉飞色舞,我看着她就想笑。

"可不是,难怪古人说,读万卷书,行万里路啊……"花花高兴坏了,古人的话都引出来了,"以后我有机会的话,要去更多的地方,好好地实地考察考察。"

妈妈对我说

果果,花花其实也很爱学习啊,连出去游玩都想着书本上的知识。其实,事实也是这样,知识来源于实践,生活中只要留心,处处都有值得我们学习的地方。这就是"读万卷书,行万里路"的意思。

不过,行万里路,并不是说要去走上一万里,而是说要多把学到的知识和身边接触到的现实生活联系起来,这样才是真正的学以致用,也可以巩固提高我们对所学知识的掌握和理解,为以后能更好地学习更难的知识和灵活应用所学的知识打下坚固的基础。

我们都知道,中国古代交通并不发达,信息的传递也没有现代社会迅速,人们常常要通过艰难的长途跋涉才能搜集到自己想要的资料。比如写《徐霞客游记》的徐霞客,写《本草纲目》的李时珍,写《史记》的司马迁等,他们为了能得到准确可靠的第一手资料,可以说是真的走了"万里"路。

可是人类的精力是有限的,尤其是在学校接受教育的青少年,不可能每学到一样新的知识都去亲自验证,那是做不到的,也是没有必要的。

所以,妈妈在这里想强调的是:书不怕多读,路未必真要多走。这里的路是具体的路程。但这并不表示,妈妈就同意,只读书,不实践。其实学校里的物理课、化学课和生物课上做的实验,就是"行万里路"的一种方式。说得更直白点，就是学习的时候要自己动手去实践，去思考。

读书的时候不能装模作样，为读书而读书。读书的目的很多情况下是为了增加大家的知识，扩大大家的视野，打开大家的思路，所以，不要总是照搬书本读死书，而要敢于实践灵活读书。

具体该怎么做呢？

第一，碰到新概念新名词，想尽办法去理解并试着动手做一做。比如老师教圆的定义时，在黑板上画了一个圆，自己不妨也动手，用圆规在草稿本上也画一个。

第二，不同的书，用不同的阅读方法。不要每本书都精读，或者每本书都泛读，有选择性地读，才是真正地会读书。

第三，读书的时候，要抱着是在向作者学习的态度。不是说只读你喜欢的，不喜欢的就不读，要扩大阅读面，加以观察和对比。文章好，好在哪儿？为什么同类型的文章这篇就好。读书的过程多思考。

第四，读到的东西如果能在生活中得到检验的可以在生活中检验一番。比如学了物理，别人希望你估测一下一个水杯的盛水量，可以利用数学的体积公式来计算水杯的体积，然后利用密度和质量公式计算出水杯里水的重量。这样学下来的知识，往往很扎实且难以忘记。

这就是人们常说的学以致用。

果果的小心得

只要有机会，就应该不断地用实践来检验自己所学到的知识，并且通过实践去获得更多的知识。如果生活中我们处处用心，学习就能真正地成为生活的一部分，从而践行"终身学习"的座右铭。

用最少的时间，收获更多

"怎么这么多作业！又是数学试卷，又是英语试卷的！还让不让人活啊！"花花大发牢骚。

"是啊！这次连语文老师也来凑热闹。居然让我们写什么'我最难过的事'，还从500字提升到800字！我看啊，写完这些作业就是我目前最难过的事了。"葱头也跟着起哄。

"写作业倒不是我最难过的。"媛媛跑过来凑热闹。

"那什么才是你最难过的啊？"葱头和花花异口同声地朝媛媛发问。

"时间啊！我都不知道时间怎么才能够用？恨不得一天有48个小时。"媛媛看上去真的一副很焦虑的样子。

"倒也是，我们怎么忙也忙不过你。又要去见你的钢琴老师了吧？"葱头同情地说。

"可不是。就要考过级考试了，本来就要练曲子，又加上这么一堆的作业，看来，和朋友出去春游的事这段时间都不用想了。"媛媛说得可怜兮兮的，"之前约好的，看来又要推掉了。"

妈妈对我说

果果，随着我们年龄的增大，要面对的事情也会越来越多，那么如何分配好自己的时间，在有限的24小时内做好自己需要做的事情呢。妈妈送给你一个字：挤。

不相信吗？媛媛也要完成老师布置的作业啊。除此之外，她还要练习钢琴，如果不挤时间，她又怎么做得到呢？媛媛希望自己有48个小时，这当然不可能，爱因斯坦虽然提出了相对论，不过他也做不到。所以，从媛媛的话，你们可以听出来，媛媛也就是抱怨一下时间不够，而实际上呢，媛媛是个很会挤时间的好孩子，她学钢琴的时间就是她挤出来的。

试想想，你们和她的假期是一样的，都是周末的星期六和星期天。两天过去后，你们中的大多数人可能只完成了老师布置的作业，而媛媛呢，则还练习了钢琴。如果不挤时间她怎么能做得到？

那么怎么挤时间？它又不是我们沙发上的靠背，看不见，摸不着啊。

很简单，为时间做一份详细的计划表。而且计划表最好能够分等级，比如说大的等级可能是这一年内我要实现什么目标，比如语文成绩提高20分。接下来就是一些更细的计划，比如为了年末的语文成绩能提高20分，我要全面提高基础知识部分的得分，估计为5分；作文部分的得分，力求提高10分；阅读理解部分的得分，也是提高5分。

然后，怎样才能提高基础知识的得分呢？每月学习30个新字新词，平均下来每天一个字或词。每月看一本世界名著或者中国名著，这个可以计划为每天放学后阅读半个小时或者一个小时，具体时间看书的厚度和页码来定。每月自己给自己加10个阅读理解的练习，每隔两天做一次，每次时间大约为半小时，定在吃中饭后午休前的休闲时间。

有一个对待读书的看法，我们需要改变：就是太把读书当一回事儿。

中国人常常由于把读书看得太重，而多多少少浪费了一些可以利用起来的时间。把读书看得重，虽然不是件坏事，但在妈妈提倡的"挤时间"学习法中可能也不能算是一件好事。比如很多人觉得，读书就一定要有大把大把固定的时间，然后专心致志地坐在书桌前什么也不做，只看书。人们难以想象10分钟，或者20分钟可以拿来看看书。其实，在美国人那里，他们甚至在马桶旁边都放着书，这些书绝不是我们很多人认为的乱七八糟的杂志，而常常是文学名著——当然，这样容易引起便秘，所以妈妈也不提倡。还有些人，在书包里随时放一本近期想看的书，在等公交车或者乘坐地铁的时候拿出来阅读。这样积累下来的时间，对于一个天天要坐地铁的人来说，甚至可以在一周内看完一本小散文随笔。

如果真能做到这样，那可是真正地算"挤"时间了，而且把学习融入到生活中了。这种心态就是妈妈所说的"不把读书太当回事儿"。说得简单点，就是心无旁骛、见缝插针地随时学习。

现在我们回头再来看看上面的计划，算是很详细而且有层次。从年到月再到天，甚至小时。计划这么细而全的好处是，既能保证做到切实可行，又能有目标。人们在做一件事情的时候一旦有了目标，就不会觉得盲目而不知所措了。

大目标，比如这里的年计划，需要很强的意志力和耐心去坚持，而这些坚持只要每天认认真真地完成一个一个的小目标就可以了，这样算下来，大目标变得不再遥远而不可为了。你要做的，就是脚踏实地地做好每一步。

当然，在执行计划的时候，常常会碰到意外情况，比如媛媛说的朋友约好一起去春游，又或者，班上突然要举行什么比赛等集体活动，这可能会打乱你已经做好的计划。那怎么办呢？

首先，要冷静，不要浮躁。如果可以，最好每个月，调整一下计划，并且在计划里预留一些可能会发生的意外情况，别把时间排得太满，比如，某个中午该做阅读的时间，临时去做数学老师发的试题去了，那么就改为第二天中午，或者当天下午。总之，尽量不要破坏整个计划的进度。如果你订的那个计划，执行了一周，发现很多地方都完成不了，那么可以在周末，利用放假时间，好好调整原有计划，重新制订一个可以落实的。要能落到实处，是制订计划的首要原则。不然，制订了等于没制订，就可能给自己带来沮丧感。

另外，制订计划的又一个原则是：充分利用白天的时间。科学研究表明：白天学习一个小时几乎等于晚上学习一个半小时。白天学习的效率还是很高的。所以，白天能做的事，别拖到晚上再去做。

当然，"身体是革命的本钱"，这句话什么时候都不过时，所以，再怎么挤时间，也不能挤了应该休息的时间，能吃能睡，才能好好学习嘛。

> **果果的小心得**
>
> 没错，就是要挤时间。时间是挤出来的。只有学会挤时间，我们才能用最少的时间收获更多。这样我也能像媛媛那样好好利用时间做更多的事情。

找准自己的方向

最近不知道怎么回事，社会上老是听到"念书无用论"的调调。班上甚至有同学直接辍学，说要去找工作挣钱，说起来理由还一套一套的：什么念了大学又怎么样？出来工资还不是一两千元？有的甚至都比不上农民工。

来自农村的小华甚至还给我举例，说他的表哥小军去年大学毕业，在一家私企上班，每个月的工资才1500元，还不如他在外面给人粉刷墙壁的爸爸，每个月有4000元呢！表哥全家人就培养出这么一个大学生，都指望着他大学毕业拿比村里人都高的工资，期望着高收入高回报呢，谁知道竟是这样？早知道就不念大学了，白白花了好几万元，耽误青春不说，光是花掉的钱都不知道哪一年才能挣回来。

小华说还有更严重的，他们隔壁村有个大学生毕业都快一年了，至今都没有一份像样的工作，每个月还得靠家里往外寄钱，过着和大学生差不多的生活。加上在外工作，不比在学校念书，还得付房租，父母寄的生活费有时甚至比以前还更多了。

大家听到小华这样说，都纷纷发表意见，说得最多的是读书无用，不知道要读来干什么。

时间久了，一些同学甚至开始厌学，课前也不预习了，上课也不认真听讲了，课后就更不用说了，看小说的看小说，玩游戏的玩游戏。反正也没目标了,这书还读个什么劲啊。

看到大家这种厌学的情绪一天高过一天,班里学习的氛围则是一天低于一天,我都开始心焦了:学习到底是为了什么?或者说学习到底有什么用呢?

妈妈对我说

果果,有没有听过一句话:学习也是一种信仰。

你们班上有极少数同学辍学去工作是心太急,跨了阶段去提前做了一些不该在青少年阶段做的事情。这有点像你们小时候学的一个寓言故事里说的"揠苗助长",他们过早地把自己从学习的阶段拔到社会的阶段,是错误的行为,日后某个时期,不管过了多久,或长或短,他们多多少少会为自己当年草率的行为后悔的。

而且,社会上所谓的"读书无用论"也是完全站不住脚的。你想想,那个只拿1500元的大学毕业生才出来工作多久?而那个拿了4000元的给人刷墙的爸爸又有了多少年的工作经验了呢?所以这两种情况根本就不具有可比性。一个很简单的例子,妈妈20年前的工资才300元呢,现在已经有3000多元了。你能说我当时拿那么少的工资是因为当时妈妈念的书没用吗?

再说说小华邻村那个总是找不到稳定工作的大学生。这两年经济危机让很多人失业,大学生就业形势严峻也是众所周知的事情,国家正在大力解决大学生就业的问题;而且能不能找到工作,或者能找到什么样的工作,与个人能力也是很相关的,并不能就此推断读书是无用的。如果这样,那些优秀的大学生,像我们隔壁的真真姐,她也是大学毕业,一个月工资有10000多元,那听到这个消息的小华,是不是又会认为读书还是有用的呢?

问题的关键之处不在于读书有用没用,这是个不容讨论的问题。我们必须读书,而且要有终身学习的想法,就像我前面说的:学习是一种信仰。因为读书本来就不是和钱直接挂钩的,我们当然也就不能根据以后工作挣钱多少来判定现在读书是否有用。读书应该是培养一个人的知识储备、素质涵养、思考问题、解决问题的能力以及具备怎样的视野等综合素质的一个过程。

我们每个人都有一个成长的过程,在成长的过程中,我们都要学习一定的基础知识和技能。只有当我们的知识储备和能力达到了一定的水平后，我们的人生梦想才有可能实现的一天。

人的一生是分阶段的，到了什么阶段就应该做什么事，而不能提前预支自己的能力。当然了，更不能停滞不前，故步自封。

你应该知道有句古语叫"欲速则不达"吧？说的就是做事也好，为人也好，都要一步一个脚印，找准自己的方向慢慢地来。

果果的小心得

我们现在正处在读书的阶段，以后走到社会，这样一心只读书的机会将会越来越珍贵，所以，该好好学习的时候为什么不好好学习，而要去想些看不着的明天呢？我们只有把握好了能把握住的今天，才能有更好的将来。何况，我们也只能活在今天。

相信我能行

听说玩魔方玩得好的人往往是很聪明的人。

不知道这个谣言是从哪里传来的，最近班上还真的刮起了一阵玩魔方的风气。只要一到课间，就看见男生们几乎人手一个五颜六色的魔方。他们常常三两个聚在一起，好像吵架一样争个不休：

"你这玩法不对，是这样的！"

"看我的！看我的！这一步我玩得比你快！"

"我才不信呢！"

"要不咱俩比比！"

……

刚开始的时候，我们女孩子凑过去看，他们根本不让。

玩得最好，也是最先开始把魔方带到我们课间游戏中的小军甚至用讥讽的语气说："这是男孩子们玩的游戏！你们女孩子有那么聪明吗？能玩得了这个吗？"

"你凭什么这么说！别以为你们男生会玩个破魔方就有多了不起了！居里夫人还拿过两次诺贝尔奖呢！有几个男的能获得这样的荣誉？"葱头很好强，她的优越感容不得别人轻易否定女生。

"有几个科学家是女的？居里夫人全世界不也就是那么一个？再说了，你是居里夫人吗？有本事你把我手上的魔方拼回去，我就服你！"小军也不甘示弱。他平时被宠惯了，家里拿他当小皇帝一样对待。真可以用"含在嘴里怕化了，捧在嘴里怕摔了"来形容他们家对他的溺爱程度。

葱头一听小军拿这样的话来激她，急得抢过来小军手里的魔方就拼。可是不管她怎么拼，也没能拼出六面都分别是同一个颜色的图案来。

眼看着课间十分钟就过去了。葱头很着急，可是又无可奈何。

小军得意地拿过魔方，临了还不忘补一句："我就说你们女生没男生聪明吧。还不信！"

我立刻觉得教室里弥漫着一股浓厚的硝烟味。

悄悄扭头看看葱头，只见她气得眼泪都快出来了。

"葱头，是英语课吧？"我故意岔开话题，好分散大家的注意力。

我的话音刚落，英语老师夹着书面带微笑地进了教室。

"Good Morning！Everyone！"（大家早上好）张老师对刚刚发生的一触即发的没有硝烟的战争毫无察觉，她正笑眯眯地看着大家，开始分发试卷呢！

"老师要特别表扬王小军同学，这次英语测验，小军同学拿了十分优秀的成绩。"自从国家提倡素质教育后，老师们都变得委婉了，从不在课堂上直接说最高分是谁谁谁，或者某某同学得了多少分，而换成了上面这种说法。不过时间久了，大家也心知肚明：这意味着王小军又拿了最高分！

得意的王小军忍不住回头挑衅地看了一眼满是怒火的葱头，眼神好像在说："看吧，我说得没错吧？女生怎么能聪明过男生呢！"

接下来有更气的。

只听张老师在讲台上说："这一次测试,男生总体平均分高过女生。女孩子们要加油啊!"

这下气得葱头直接趴在桌子上哭了起来。

我又气又难过,也开始怀疑起来:"难道女生真的不如男生聪明吗?"

就这样,我迷迷糊糊地听完老师对试卷的分析。放学后,我垂头丧气地回家了,心里却一直在问:"女生真的不如男生聪明吗?"

妈妈对我说

果果,你千万不可以这么想。女生在智力上和男生是没有本质上的区别的。很多事情证明,女生和男生一样,可以十分优秀。

首先,妈妈要告诉你:王小军同学错了。他以自己某一方面的优秀就否定其他同学,甚至还加上性别区别来把大家分类对待,这是很不友好的做法,而且,单单说到这一点,他就不能算得上是个聪明的男生。

其次,真正聪明的人是谦虚好学的人,而不是骄傲的,总是一副居高临下、不可一世样子的人。你不是喜欢看武侠片吗?那些争强好斗,总是找人挑战,想夺得天下第一称誉的人,往往不是真正的天下第一。真正的高手常常是既有高超的武艺,更有超然的武德,像你最喜欢的《笑傲江湖》里的风清扬老前辈。

再次,人聪明与否,不是性别决定的。大家表现得不一样,大多是因为各自的兴趣不一样,从事的工作领域不一样,所以取得的成就也肯定不一样。这和是男生还是女生是没有什么关系的。

最后,魔方游戏虽然是一个益智游戏,但和其他的游戏没什么本质的不同。只要是游戏,学会了规则,就可以玩,葱头没学过,当然就不会玩,并不能由此证明男生比女生聪明。如果你想学怎么把魔方拼成六面都各自是同一个颜色,这很容易啊,妈妈可以告诉你,因为妈妈很小的时候就会玩这种游戏了。当然,前提是:你有兴趣学。

科学研究表明，性别对文理科学习的影响几乎是可以不计的。社会上会出现在理科上男生普遍比女生优秀的现象，很大程度上是因为男生学理科的人数比女生多。学的人多了，自然出色的人也多。就像一些偏文科的大学或学院，由于女生多，美女自然也多，一样的道理。

果果的小心得

有梦想，就要去追求。在成功的路上，迎难而上，有坚定的信心和切实的计划，那么成功就不是没有尽头的路，而是路上的小石子般可以弯腰捡起的东西。压力往往是我们自己给自己的，不然怎么会有"人最难战胜的敌人是自己"这样的说法呢？所以不要被别人的话影响，要相信自己一定能行！

第六章
遇见最好的自己
——给灵动聪颖的你

妈妈给我列的读书单

笔墨纵横间，满卷清朗气

用绘画直抒胸臆

独处时，享受音乐

舞动是张扬的青春

让闲适的生活充满惬意

妈妈给我列的读书单

假期来临,我和同学在一起商量"度假"计划。

"这个假期,我没有办法陪你们了。"花花不无遗憾地说,"妈妈给我买来了一摞的练习题,早就给我规定了假期的任务。唉!还不如不放假。"

媛媛说:"我听说儒勒·凡尔纳的科幻小说特别好,我已经买了《80天环游地球》《海底两万里》《格兰特船长的儿女》三本,用几天的时间就可以看完,听说他还写过很多其他的小说,比如《地心游记》和《神秘岛》,总之都很好看。"

"对对,"葱头突然想起来什么了,"老师不是给我们布置任务了吗?我们每个人都要写一篇读后感,题目自定,我也要找一本自己喜欢看又方便写读后感的书。"

听到了大家的讨论,我也想找几本好书来看,可是由于平日里我都不怎么爱看书,所以一时想不出要看什么书,总不可以背字典吧!回去之后,对这个问题我要好好请教妈妈。

回到家,我对妈妈说:"妈妈,我想利用假期的时间看几本书,您能不能帮我推荐几本女孩必看的书?"

妈妈看着我,似乎以为太阳是从西边出来了,笑着说:"果果居然要求主动看书了,真不简单。行啊,跟妈妈说说,你想看关于哪方面的书呢?"

我不好意思地抓抓头说:"我不知道有什么好书值得看,所以想找您推荐。我想看一些能够培养女孩优雅气质的书,最好是很经典的名著。"

"嗯,让我想想。"妈妈沉吟了一会,然后胸有成竹地答应了我,"果果，我已经想出来几本不错的书了，晚上我就把书单列出来，好不好？"

"啊！妈妈真是太好啦！妈妈您是大太阳！"我高兴地抱住妈妈欢呼。

妈妈对我说

爱读书的女孩，不管走到哪里都是一道风景。也许她貌不惊人，但她的美丽却是骨子里透出来的，她谈吐不俗，仪态大方。那是静得凝重，动得优雅；是坐得端庄，行得洒脱；是天然的质朴与含蓄的交融。

世界十分美丽，但如果没有女人，就将失掉七分色彩；女人有十分美丽，但如果远离书籍，就将失掉七分内涵。读书的女孩是美丽的，"腹有诗书气自华"。书一本一本被读下肚的时候，书中的内容便化成了营养从内而外滋润着女孩，由此女孩的面貌开始焕发出迷人的光彩，那光彩优雅而绝不显山露水，那光彩经得起时间的冲刷，经得起岁月的腐蚀，更加经得起人们一次次地细读。正因为如此，你将不再畏惧年龄，不会因为几丝小小的皱纹而苦恼。因为，你已经拥有了一颗属于自己的智慧心灵，有自己丰富的情感体验，你生活中的点点滴滴，将会书香四溢。

一本好书往往能够给予一个人最初的人生启蒙甚至终生的影响，尤其是那些经典名著，比如《红楼梦》《飘》《围城》《简·爱》《第二性》，对女性的影响都比较大。

1. 《红楼梦》

有人说，一个女人若没读过《红楼梦》，那简直是罪不可恕。大观园中的女子或冰清玉洁，或兰心惠质，或仪态万方，或柔弱动人……什么才是真正的女人，曹雪芹用一部呕心沥血之作给我们以答案，多少年过去，仍可作为女人最好的生活教材。

2. 《飘》

在这部传世佳作中，玛格丽特·米切尔教我们怎样成为成功的女人。书中两个女人——郝思嘉和玫兰妮是两个截然不同的女性典范。郝思嘉像一团烈火，坚强、独立，永远积极进取，永远不会被挫折打倒，她有着男子般的抱负

和责任感,敢于把一家人的命运揽上自己柔弱的肩头;而玫兰妮则正像一潭静水,深沉、冷静,她温柔善良而博爱,永远怀着慈悲之心待人,即使对自己的情敌,也只有宽容之情。这两种女人都很伟大,都值得现代女性学习。

3. 《围城》

在这部作品中,钱钟书用诙谐幽默的语言描绘了中国男人的劣根性。在今天品读,更可以使女人清楚地认识男性社会,打破对男人种种不切实际的幻想。方鸿渐是最具代表性的"劣质"男人代表,他优柔寡断、不思进取,骨子里又不乏虚荣和可恶的大男子主义,不过,这或许是所有男人的通病,只是被钱先生刻画得特别鲜明生动而已。其他诸如赵辛楣、李梅亭、高校长之流,只能评为"恶劣"级别,女性只有敬而远之了。女人读《围城》,能增加些许生活的智慧,避免在今后走入命运的"围城"。

4. 《简·爱》

夏洛蒂·勃朗特塑造了一个生活在社会底层,受尽磨难却不甘忍受压迫,勇于追求个人幸福的女性形象——简·爱。简·爱认为爱情应当建立在精神平等的基础上,而不应取决于社会地位的高低、容貌的美丑和财富的多寡。这种爱情观是积极的,简·爱以无畏的勇气为现代女性树立了良好的榜样。女人都应做爱情的强者,敢于追求属于自己的幸福。

5. 《第二性》

这部作品是西蒙娜·德·波伏娃最成功的著作,被称为"有史以来讨论女人的最健全、最理智、最有智慧的一本书"。它是一本女性的哲学书,揭示了当代妇女面临的各种问题,比如两性的平等。读《第二性》,我们可以看清自己的命运,把握自己的未来。

这些优秀的书籍就像是最好的朋友、最好的老师。在浮华的世界中,打开它们,投入多彩的书中世界,你的心灵将得到最大的滋养。

书香是女孩最好的化妆品,是有品位的女孩生命之外的生命,是她的精神寄托。

书就像一把金钥匙,帮助女人开阔视野,净化心灵,充实头脑。书让女孩变得聪慧,变得坚韧,变得成熟,使女孩懂得包装外表固然重要,但更重要的是心灵的滋润。读些好书，会让女孩保持永恒的美丽。

果果的小心得

没错，书籍是人类的精神财富，书籍更是女孩的最佳美容品。读书带给女孩思考；读书带给女孩智慧；读书会使女孩漂亮的大眼睛里变得层次丰富，色彩缤纷；读书教会女孩在该笑的时候笑，在应该忧伤的时候忧伤；读书还使女孩明白了自身的价值、家庭的含义，明白女孩真正的美丽在哪里。所以从今天开始，我也要多读书，好好提升自己的修养。

笔墨纵横间，满卷清朗气

妈妈认识的一位阿姨学习书法已经有40多年，现在受人邀请在学校里面开班授课。听妈妈说，无论工作多么的忙碌，这位阿姨也每天坚持练习书法，从不间断。

我感到很好奇，难道书法有这么大的魔力吗？怎么会让阿姨如此痴迷，手持一杆毛笔，一写竟是40多年。妈妈想把我带到阿姨的书法学校里面去，让我也接受一下良好的教育。

来到阿姨的办公室，她热情地接待了我："果果，你好。"

我对阿姨说："阿姨您真有毅力，居然一写就是40多年从不间断。"

阿姨笑笑说："是啊，我从4岁的时候开始练习书法，那个时候爸爸对我的要求很严格，一个点要点到上万个，直到全身放松为止。写书法，这里面有无穷的乐趣。通过一幅字，一个人有多少涵养，读过多少书，眼明的人马上可以判断出来。"

我听了阿姨的介绍,既喜欢书法,又担心自己会坚持不下去,因为书法并不是一时兴起,随随便便可以学会的,而是要付诸几十年的努力才可以见到效果。书法很高雅,让我神往,我真的很想试一试,想达到阿姨所说的那种境界。

妈妈对我说

书法以其独特的工具材料为表现形式,具有鲜明的民族风格,从萌芽到发展至今绵延几千年而从未中断,一直屹立于世界艺术之林,并享有极高的声誉。书法自古以来是读书人的必修课。如今社会在发展,时代在进步,书写方式也由原先传统的毛笔向如今的硬笔转型,甚至有被键盘所代替的趋势,这是社会发展的必需。但是,无论社会怎么变,作为一个中国人,我们不可以轻易丢掉自己的文化,丢掉祖先留给我们的宝贵财富。俗语说见字如见人,它能直接表现出人的学问、品格、情操、气质,甚至是人的经历与感悟,是我们人生的第二门面啊。

关于书法与做人之间的关系,自古至今一直有很多的论述。明代著名的书法家傅山曾经告诉他的学生说:"作字先做人,人奇字自古。纲常判周孔,笔墨不可补。未习鲁公书,先观鲁公诘。"他所提出的"作字先做人"的观点,就是说如果背叛了周礼儒学,连做人都立不住脚,那还学习书法有什么意义呢?即便是写字,也一定会流露出"小人之态",这种低俗仅仅靠笔墨技巧是无法补救的。傅山通过这句话告诉他的学生,如果做人没有及格,那么学习书法就是空谈。比如在学习颜真卿的书法之前,必须要看颜真卿这个人是怎么做和怎么说的,就是要先学习颜真卿这种做人的态度。只要胸中有颜真卿的浩然正气,即便是一根小小的笔管也可以写出豪气万丈的书法来。

正因为如此,书法艺术几乎成了封建文人士大夫的生命,这样的例子不胜枚举。而传统的读书人也乐于用笔墨纸砚、梅兰竹菊来装点自己的生活环境,这是他们追求高洁意境的荣耀象征。唐代诗人刘禹锡在他的《陋室铭》中就曾经用这样的诗句来描述理想中的文人生活:"苔痕上阶绿,草色入帘青。谈笑有鸿儒，往来无白丁。可以调素琴，阅金经。无丝竹之乱耳，无案牍之劳形。"古人最重视的就是风骨，这种追求精神超脱的高雅是文人的崇高追求。

书法艺术自古发展到今天，它给我们留下的不仅仅是一幅幅令我们无限追思和敬仰的笔墨宝卷，更重要的是留给我们一笔沉淀千年的思想和精神财富。站在书法艺术的面前，我们应该感到无限的欣慰和幸福，每当我们停下匆忙的脚步，就可以随时去瞻仰、去体会那份古朴优雅和博大深邃。

果果的小心得

中国的书法艺术已经经历了漫长的积淀代代相传，浸透在民族久远的血液之中。透过那变幻万千的点线形式，我们似乎看到了那种沉浸在笔底、洋溢于案头的生命存在。要想获得书法的神采，一方面依赖于书家创作技巧的精熟，这是前提和基础，另一方面，只有创造心态恬然自如，才能够写出真情至性，融进自己的知识修养和审美趣味。

用绘画直抒胸臆

和媛媛一起去艺术博物馆参观，因为最近这里举办特展，有一批珍贵的明清书画，我们有幸能领略其风姿。只不过，媛媛比我懂得更多一些，我对此却是一无所知。

走进展厅，我们在一起看一幅幅的书画，不知道媛媛都在看些什么，反正我只是在看热闹。像我这种对艺术一窍不通的人，看这些画——混个脸熟就算了。

媛媛拉着我的手，突然对我说："果果，你看，那幅画是郑板桥的。"

顺着媛媛手指的方向，我看到了一幅黑白相间带有题字的画，可是上面画的却是一块石头，我笑着说："不对，你一定是弄错了。郑板桥是画竹子的，这点常识我还是知道的。"

"不是，这个一定是郑板桥的。"媛媛固执地坚持自己的意见，"因为我是从画旁边的字来判断的，郑板桥写字的特点是'乱石铺路'，以前爸爸给我讲过，你看这上面的字写得歪歪扭扭，忽左忽右，但是，在歪歪斜斜之间有一道中轴线，无论字写得多么歪，始终和这条中轴线是对称的，这就是郑板桥写字的风格。"

"哦，"听到媛媛这么肯定的讲述，我想一定是我错了，我们找了一位旁边的讲解员叔叔询问，果然这幅画的作者是郑板桥。

"媛媛，我太崇拜你了。"我由衷地赞美了她一句。

"没有啦，我只是以前听爸爸说过，所以就记住了。"媛媛特别谦虚。

妈妈对我说

美术是人类创造的一种精神产品，它有别于音乐、文学，是具有造型性、可视性、静态性、物质性的一种空间艺术。正因为有以上基本特征，美术作品首先应该是可以被人感知的，它是能引起人们感官注意的空间艺术形式；其次，它通过其物质媒介向人们展现一个静止状态的相对理想的客观世界，进而触发人们二次创造特定的情感情绪。

青春期的女孩提升美术素质是很有必要的。下面，妈妈给你简单介绍一下中国画。

中国画（亦称国画）是我国特有的画种，由于民族性格、历史文化传统、审美以及绘画材料和工具的不同，是经过无数画家的努力形成的、带有民族特色的画种，是世界艺术中的重要组成部分。要想了解中国画，一定要记住八个入门常识。

(1) 中国画是我国传统造型艺术之一，简称国画。

(2) 中国画讲究形式美，要求作品有"形神兼备""气韵生动"的艺术效果。同时还十分重视用笔、用墨，构图不受时间、空间的限制，也不受焦点透视的束缚，画面空白的运用独具特色。中国画强调诗、书、画、印所构成的完美的艺术整体效果。

（3）中国画从题材上分为人物、山水、花鸟三类，从表现形式上可分为工笔、写意两种。

（4）中国画的工具有笔、墨、纸、砚。

（5）中国画用具有生宣纸、毛笔、衬纸、笔洗、调色盘、书画墨汁、国画或水彩颜色。

（6）中国画的用笔主要有以下几个方法：中锋、侧锋、逆锋。此外，还有藏锋、露锋、散锋、聚锋等多种用笔方法。

（7）墨分五色：焦、浓、重、淡、清。中国画用墨有"墨分五彩"之说，即焦墨、浓墨、重墨、淡墨、清墨。

（8）从笔含水分的多少，又有干湿之分，归纳为干、湿、浓、淡四个字。

果果的小心得

一个懂得欣赏绘画作品的年轻女孩，不一定需要具备出众的外表，但绝对要有超凡脱俗的魅力，这种魅力源自于那种行云流水般的神态，以及那雍容华贵的美感。若能将绘画的神韵融入到自己的言谈举止中，定能焕发出与众不同的光彩。

独处时，享受音乐

葱头新买了一个MP4，从此以后听音乐上了瘾。走路在听，课间在听，就连上自习的时候也在听。

"很奇怪葱头都听些什么？这么着迷？"花花特别想知道个所以然，于是蹑手蹑脚地走到葱头身后，趁葱头没有防备，冷不丁地就把她的一个耳机拔了出来。

"你听的都是什么啊！"花花把耳机放在耳朵旁边不到5秒钟，就把耳机塞给了葱头。

葱头看到我们过来了，笑着摘下他的MP4，对花花说："我在听古筝。"

"哎哟哟——"花花阴阳怪气地说，"那么慢性子的音乐，亏你也听。"

"我也喜欢古筝。"媛媛说，"《沧海一声笑》，特别好听。"

"葱头，你一边听音乐，一边写作业，这样能保证质量吗？如果是我的话，只要听音乐，就没有办法做题了。"我向葱头"取经"，问问她有没有听音乐不耽误写作业的好方法。

葱头说："我是这样的，如果在思考问题的时候循环播放同一种音乐，就会好些。一般来说，如果我在思考数学题，我就会放单音或者是节奏简单的音乐，不会影响我的思考；如果是做英语题目，那就听一些轻快的音乐活跃思路；如果是做抄试卷之类的体力活，那就听节奏超级快的音乐，这样可以让自己写得更快一点。"

看来，葱头还真有一套。

葱头接着说："如果晚上失眠了，也可以用听音乐来缓解，我试过，还挺有用的。如果心情烦乱，最好也听一听音乐，可以调节情绪。其实，听音乐的好处可多呢。"

我还没有MP4，不过还好，我有MP3，也可以好好利用，把好听的歌曲装进来，随时调节自己的生活。

妈妈对我说

音乐绝不仅仅是一串单纯的音符，而是一种深蕴着人的精神的文化现象。无论在我国传统的音乐中，还是西方古典音乐，浪漫音乐中，我们都可以感受到音乐的精神"脉搏"。音乐大师们在五线谱间发出的对天、地、人的畅想，对命运的慨叹，对未来的展望给懂得欣赏的人们带来心灵的震颤。

音乐是一道美丽的风景，但只有少数人有幸欣赏，因为这道风景不是用眼睛看的，而是用心去体会的。春秋时期，伯牙与子期"高山流水觅知音"的故事千古流传，令人交口称赞。

音乐是用来享受的，所以不一定要听完整的大型交响乐，因为那太沉闷、太累，对于为工作奔忙了一天的身心有害而无益。但一定要听听巴赫、莫扎特、肖邦的作品，而且经常听莫扎特的音乐有助于开发智力。安特里奥的音乐是小资们的首选，因为他的音乐既不特别高雅也不完全通俗，而是属于"有分寸的另类"，这与小资自身的风格不谋而合。一些经典老歌听起来更是别具一番风味，像老鹰乐队，还有爵士乐。对于追求生活格调的女性来说，在艺术欣赏上，怀旧永远都不会错。

果果的小心得

音乐就是这样，有着无穷无尽的、无法用语言描述的"魅力"，我们可以在它的世界里，尽情放纵自己的欢笑，自己的泪水，在流动的音符中寻找往昔生活的印迹，编织七彩的梦，到达心灵超越无限的自由之境。

舞动是张扬的青春

花花永远像是一个万花筒，不停地在变。自从她看了某首歌的MV之后，就口口声声说自己要练习舞蹈。

"其实练习舞蹈没什么难的。我可以按照MV上的动作，从简单的做起。"花花一派雄心勃勃的样子，引来了葱头对她的再次漠视："但愿她跳的不是老年迪斯科。"

从此之后，在楼道里多了一个身影，在那里不停地旋转。葱头说："练习舞蹈可以使小脑更加发达，增强平衡能力。不信可以看花花，居然没有倒在那里。我的眼都晕了。"

我们任何人都不相信花花能学成什么，因为她天生就是一个只有三分钟热度的女孩，今天看到吹笛很有趣，就练练吹笛，明天看到别人跳舞很好看，于是也想学。可是，任何的才艺都不是付出一朝一夕的努力就可以取得成就的。而像花花这样的女孩，只要她们能够玩得开心就好吧。

以前曾经看过一个傣族女孩跳她们家乡的民族舞蹈，那种舒展的姿势和轻盈的动作给人无限美丽的遐想。其实那个女孩长得并不是很漂亮，但是很多人在看过她的舞蹈之后都觉得她很美。

妈妈对我说

无论什么样的舞蹈，首先是一项才艺，可以给人增加气质和魅力，再有就是舞蹈对于形体的塑造也有很大的帮助，对于女孩来说，练习舞蹈，既可以让自己多掌握一种技能，同时还可以使身材更加健美，何乐而不为呢？

在练习舞蹈的时候，随着音乐翩翩起舞，那种轻盈的动作伴随着轻盈的心情，会让人感到无比愉悦，同时会为你带来体态美。

很多人把舞蹈形象地比喻为"带着笑容去训练的项目"。在舞蹈课中，人们更关注的是能否在练习中愉快和尽兴，所以练习舞蹈对于心理放松有很大的意义。

练习舞蹈，不仅对人的形体塑造有很大帮助，同时也有助于愉悦心情。

首先，舞蹈能够锻炼身体，有益健康。对于不同年龄的女孩来说，跳舞都是一项非常好的运动，坚持练习舞蹈不仅可以强身健体，增强抵抗能力，而且可以使自身的关节和肌肉得到锻炼，减慢身体骨骼的衰老。

其次，跳舞可以陶冶情操，丰富业余生活，有一个舞友说："当伴随着音乐翩翩起舞的时候，我忘记了一天的疲劳和工作的烦恼。虽然气喘吁吁，汗流浃背，但却可以使全身得到放松。现在我的精神面貌有了很大的改观，体质也增强了许多，感觉浑身充满着活力，心里充盈着快乐。"

多年的实践证明，学习舞蹈的女孩经过长期训练之后，她们的身体外形通常会变得更加曼妙。身材更加挺拔，举手投足间处处表现得优雅大方，这就是长期练习舞蹈的结果。

果果的小心得

舞蹈作为艺术的表现形式之一，包含着丰富的形式，有不同的种类、不同的样式、不同的风格。其实我们将舞蹈作为一个爱好，并不需要严格遵守其中的规则。我们起舞，锻炼的是身体，舒缓的是心情，舞动的是张扬的青春！

让闲适的生活充满惬意

有一次，妈妈带着我到一个阿姨家去做客。

这位阿姨爱好古董，家里面摆满了各种各样的古玩。在她家的书房里面摆放着一个博古架，上面放满了各种各样的寿山石。

阿姨热情地招待了我们，并且拿出一套茶具来招待我们。

"果果，你还没有品尝过阿姨泡的茶吧，等等让阿姨给你露一手。"阿姨说着，开始忙活了起来，看她拿出各种泡茶的工具，还向我介绍着"这个是茶船，放茶叶用的；这个是温杯用的；这个是取茶叶用的，怕被异味污染……"我大吃一惊：难道泡茶有这么难吗？我们平时在家喝茶就是把茶叶放进杯子里，然后用开水一冲就好了，哪有这么麻烦！

好不容易茶水泡好了，阿姨拿起精致的小茶壶往小茶杯里面倒茶。尤其是看到那个茶杯，我的心里极其着急：比爸爸喝酒的酒盅都要小。我心里不禁有点抱怨：我都渴得不行了，这么小的杯子怎么能解渴呢？

阿姨把小茶杯端到我面前，我礼貌地接过茶杯，真想一饮而尽，可是转念一想：一口气都喝干了是不是显得不礼貌啊？我拿这个小茶杯放在嘴边抿了三次，才算把杯中的茶水喝完。

"哎呀！没看出来，果果还真是挺会品茶的呢。"阿姨看着我高兴地说，"喝茶啊，有讲究的，一个小茶杯的茶应该分三次喝下，果果的动作最标准了。"

我居然歪打正着了。我看着阿姨，不好意思地笑笑。

"果果，你能根据茶水的香气判断出是什么茶吗？"阿姨想考考我。

"这个……不知道。"我如实回答。

原来，阿姨给我们喝的，还是上好的老白茶呢。只可惜我根本就品不出来。

妈妈对我说

闲暇的时候，我们可以有很多办法来为我们的生活增添乐趣。比如，用一份静谧的心来感受茶水的凛冽，实在不失为一种享受。现在的生活节奏加快了，越来越多的女孩都喜欢喝咖啡，对于茶叶似乎已敬而远之。如果是刚刚开始喝茶，只会觉得它苦，对于香气却不那么敏感，而如果长期坚持喝茶的话，就会对香气的浓淡有所感觉。如果有时间的话建议你邀上几个好朋友跟自己一起品茶，来品味泡茶、赏茶之中的无穷乐趣。

还可以试着变一些小魔术，它可以快速地拉近人际关系，拉近朋友、同事之间彼此的距离，训练手脑的灵活性，同时还可以培养自己的自信心和幽默感，永远保持愉快的精神状态，大大改善单调紧张的生活，使情绪永远保持愉快状态。

也许你会认为魔术不好学，其实并不是。所有的魔术在知道答案之后，就会觉得非常简单，可是如果不懂原理，就算是再简单的魔术也会觉得非常神奇，每一次的魔术演出也都充满着无限的想象力和创造力。只要少许的努力练习，就能够大大改变单调、紧张的生活，从此人生会变得生动有趣。

当然，多看一些有益的电影也是很好的选择。一部好的电影，就是一次心灵的旅程。看电影可以丰富我们的课余生活，开阔我们的思路，是不错的休闲方式。

另外，运动是女孩永葆青春的秘诀，尤其是有氧运动，它具有抗氧化剂的效应，会使人的全身得到充足的氧气供给，加快呼吸系统的作用，钝化和转化体内的自由基，并控制其形成和活动，保护身体免受侵害，防止自由基引起的衰老现象。

你看，我们有这么多方法能让生活充满惬意！

果果的小心得

　　我们总是喜欢抱怨无聊，其实有这么多好点子可以为我们的生活增添乐趣。静下心来，做一些有益身心的事情，既打发了时间，又让生活变得多姿多彩，何乐而不为呢！

第七章 出现的都是最好的
——给独一无二的你

99%的忧虑实际上并不会发生

让坏习惯不再如影随形

为自己叫好

寻找生命中的阳光

我知足，我快乐

生活百味都需要品尝

挫折磨难亦值得感谢

99%的忧虑实际上并不会发生

我从小就是个大大咧咧的女孩，可近来很长一段时间，我发现自己竟然也会多愁善感呢，我会为生活中一些普通的事情掉眼泪。一本感人的小说，一部感人的电影，甚至邻居家的小狗生病了，我都会难过了。

现在我变得更容易忧伤了。一个人独处的时候，我会为树上的落叶忧伤，为渐渐长大悲伤。还有，我在班上比较偏科，语文成绩很好，可是数理化的成绩却不理想，我经常觉得那些难懂的公式在和自己作对，为什么一定要算出那些图形的周长和面积呢？为什么一定要画电路图，难道以后必须要去自己修电器吗？但我清楚地知道考试必须得考这些让人头疼的题目，如果不学的话，等待我的可能是爸爸妈妈的失望和责备。唉，为什么一定要考试呢？想到这里，我竟忍不住悲伤起来。

其实，让我难过的事情还远远不止这些，最近我发现爸爸似乎不喜欢我了。过去我有事没事总喜欢钻进爸爸的怀里撒娇，可是现在我想和爸爸撒娇时，爸爸却说，长大了就不能和他撒娇了。长大了我不一样是爸爸的乖女儿吗？我觉得是爸爸不喜欢我了吧。现在，我每天心情都像阴天一样，老是提不起精神来，总有想哭的冲动。

我现在一点也不开心，我发现自己现在有点朝"林妹妹"的方向靠拢。

妈妈对我说

果果，你的这种"多愁善感"是一种不良情绪，这种无端的悲伤只会影响你的健康，对你将来的成长也是极为不利的。妈妈希望你能变得乐观一些，你要学会豁达和坚强。

人生并非总是一帆风顺，失败之时，挫折之事常有，面对失败、挫折，你不必扼腕叹息、怨天尤人，更不能灰心丧气，甚至是消沉堕落。而应以乐观坚强的心态去面对，在乐观中学会自强，把握自己，在坚强中学会思考，学会总结。你要善于发现自己的优势，看到自己的潜力，用坚强来锤炼自己的心灵，锻炼承受挫折的毅力和品质。这样，你的生命才能具有金子般的质地与光华。

果果，相信你一定听过杞人忧天的故事，几千年过去了，天依然还高高地耸立在我们头顶，而那个杞人，居然为它担忧了那么久。生活中，其实一直都存在不少像那个杞人一样的人，虽然这些人不再担心天是否会塌下来，但是他们也各有各的担忧，例如，有些孩子担心马上要到来的考试自己可能会通不过，有些孩子可能会担心这学期的三好生自己评不上，有些孩子可能会担心班上其他同学不喜欢自己，等等。于是，担心这个紧张那个的孩子便放逐了快乐，让忧虑将自己层层包裹。

以前妈妈认识一个小朋友叫李贝，我把她的事情先讲给你听吧。

中考的时候，李贝在考完最后一门课，走出考场以后，突然想起自己可能忘记在最后一门考试的试卷上填写学号了。于是，紧张的她开始一遍遍地搜索自己的记忆，"我写了吗？老师当堂提醒的时候我好像是在看后面一个几何题，还想着一会儿就写呢。好像后来我写了吧。哎呀，好像我又接着做题了。哎，如果真的没写可惨了，老师讲过没有写学号的试卷一律是零分，那样的话我一直梦寐以求的重点高中还怎么进得去啊，同学们一定会笑话我的……"

就这样，在从考场到家里的路上，李贝一直沉浸在回忆当中。后来，她便认定自己是忘记写学号了。于是，在等待成绩出来的几天里，每当有朋友来叫她出去玩，她就以"我的中考都没戏了，还出去玩什么啊"这样的理由拒绝，然后一个人坐在家里东想西想，接着便是无边的哀叹和忧虑。渐渐地，她的脾气也坏了起来，看到什么都觉得不顺眼，认为整个世界都在与自己作对。她似乎变成了一个小刺猬，给身边的家人和朋友造成了很多情感上的伤害。

一周以后，中考成绩在网上公布了。在成绩公布的前一天晚上，李贝一直在床上辗转反侧，为自己的分数担忧，为自己的未来担忧，彻夜未眠。第二天八点钟以后，不断有同学打来电话交流分数。听着别人或高兴或悲伤的声音，她更担心查自己的成绩了，后来索性将家里的电话线拔了。

中午妈妈下班回来，哼着小曲，并做了一顿丰盛的午餐。饭桌上，妈妈对愁眉苦脸的李贝说："你真棒，这下重点高中肯定没问题了！"一脸疑惑的李贝忙问妈妈怎么回事，妈妈便告诉她，上班的时候她在自己的电脑上输入了李贝的学号和身份证号，查到的成绩要比重点高中的分数线多了8分，按照往年录取的惯例应该是没有问题了。

听到妈妈的消息，李贝突然放松了下来，也露出了这些天来的第一个笑脸。"哦，原来自己当时写了学号啊。"她心里暗暗说道。

哈佛大学中国政治学教授裴宜理常和他的学生说："自己招来的忧伤是最大的忧伤。"李贝自己招来的忧虑吞噬掉了她一周的好心情，也给身边关心她的人造成了很大的压力。而到最后，她担心的事情其实并没有发生。

果果的小心得

忧虑，是人在面临不利环境和条件时所产生的一种情绪抑制。它是一种沉重的精神压力，使人精神沮丧，身心疲惫。无论是逃避问题还是对问题过分执着，实际上只可能有两种情况。一种是问题并不像我们所想的那么糟，至少没有到无可挽回的地步。只要采取积极正确的态度，问题就会得到解决。这样，我们也就没有什么可忧虑的了。另一种情况是问题的确超出了我们的能力所能解决的范围。对这种情况，我们就需要乐观一些，就像杨柳承受风雨一样，我们也要承受不可避免的事实。哲学家威廉·詹姆士说："要乐于承认事情就是这样的情况。能够接受发生的事实，就是能克服随之而来的任何不幸的第一步。"

其实，很多担忧和焦虑的情绪都是经过自己放大了的，其实它们本身并没有那么可怕，而且99%的忧虑实际上并没有发生，那么，何必让自己陷落进忧虑的陷阱中去呢？跳出来吧，我们会拥有一个更广阔的天地。

让坏习惯不再如影随形

记得我小的时候，只要是在凳子上坐定了，就会习惯性地抖抖脚。妈妈看到之后，一定会严厉地斥责我："果果，女孩一定要有女孩的样子，你的脚不可以抖。"后来，妈妈只要是看到我的脚在抖，她就会直接用手去敲我的腿来提醒我。经过妈妈的多次提醒，我的坏毛病终于改了过来。

现在我长大了，有时看到身边那些习惯抖脚的女孩，看上去既不雅观，也显得没有教养，心里不禁会感激妈妈当时对我的严格要求。要不是妈妈，我的形象气质一定会大打折扣。

其实让坏习惯远离自己没有那么难，关键是要在坏习惯形成之初就把它消灭掉。这是最简单也最容易有成效的好方法。

妈妈对我说

"什么时候才能改掉你乱扔东西的坏习惯？"

"又磨蹭了，大家都在等着呢，你得快点！"

"刚学了一个星期就腻啦？当初怎么说的？说一定会坚持学下来！怎么又是这样，画画坚持不下来，练钢琴还是这样！"

你的身上是不是也有这样那样的坏习惯？对于这些坏习惯你是如何看待的呢？经常听到有人说："没什么大不了的！小毛病人人都有！"现实生活中，对此抱有无所谓态度的人很多，你是否又是其中一个？

美国著名的心理学家威廉·詹姆士说："播种行为，收获习惯；播种习惯，收获性格；播种性格，收获命运。"一种好习惯可以成就人的一生，一种坏习惯也可以葬送人的一生。

试想，一个爱睡懒觉、生活懒散又没有规律的人，怎么约束自己勤奋学习和工作？一个不爱阅读、不关心身外世界的人，能有怎样的胸襟和见识？一个自以为是、目中无人的人，如何去和别人合作、沟通？一个行事杂乱无章、思维混乱的人，做起事来的效率会有多高？一个不爱独立思考、人云亦云的人，能有多大的智慧和判断能力？

古希腊伟大的哲学家柏拉图曾告诫一个游荡的青年说："人是习惯的奴隶，一种习惯养成后，就再也无法改变过来。"那个青年回答："逢场作戏有什么关系呢？"这位哲学家立刻正色道："不然，一件事一经尝试，就会逐渐成为习惯，那就不是小事啦！"

"那如何改掉坏习惯呢？"很多人都问过同样的问题。想要让坏习惯不再如影随形，不妨从以下几点出发：

（1）从思想深处认清不良习惯的危害性。清楚不良习惯会影响人的身心健康或左右人的行为方式，以争取自觉树立起戒除不良习惯的意识。

（2）以好习惯取代坏习惯。坏习惯之所以存在是因为它能够在一定程度上使你得到一种心理上的满足，例如懒惰，所以，如果要与坏习惯彻底告别，可以找一个同样使你感到满足的好习惯来取代它。

（3）求得支持。许多戒除不良习惯者体会到，别人的支持十分重要，是防止复发的有效手段。这种支持可以来自家庭、朋友和志同道合的同事。

（4）避开诱因。如果你总喜欢在晚上喝咖啡或饮茶，这样极容易变得兴奋而影响睡眠，你就可以改喝白开水或饮料。

（5）自我奖励。取得小成功——如坚持练琴一个月，可以自我奖励一次，如买本好书给自己。

（6）不找借口。要防止自欺欺人，"这是小亮借给我看的武侠书，要不我不会看的。""这是最后一次，这次之后我就再也不看动画片了。"……诸如此类的借口，其实都是下次再犯的苗头和征兆。

> **果果的小心得**
>
> 坏习惯就像是身后的尾巴,一直紧紧跟着你,等你发现它严重影响了你的生活,才想到要摆脱时,一切恐怕就难以挽回了。要知道,习惯的养成是一个不断重复的过程,每一次,当我们重复相同的行为时,就等于强化了这一行为,最终,就成了根深蒂固的习惯,把我们的思想与行为也缠得死死的。
>
> 正如英国挂冠诗人德莱敦在300多年前所说的:"首先我们养出了习惯,随后习惯养出了我们。"我们是从习惯中走出的,所以,如果想要拥有一个美丽的人生,就需要养成好习惯,那么,从现在开始,我们就要改掉坏习惯。

为自己叫好

学校要组织一次以"爱护绿地,爱护公共设施,争做文明市民"为主题的教育活动,我被光荣地选为学校的形象标兵。

我还是第一次参加这样的活动,而且还被评选为标兵,真是让我忐忑不安。虽然学校已经进行过集体培训了,但是明天活动就要正式开始了,对于明天的表现,我没有十足的把握,似乎也不像之前的那段日子信心满满了。

"哎呀!关键时刻不要掉链子啊。"我在心里暗自犯嘀咕。

晚上回到家,我和妈妈打了声招呼,也没有说什么,就直接钻进了卧室。而妈妈似乎观察到了我有点小异常,轻轻推开房门来到我的屋里。

"果果,你怎么了?"妈妈问道。

"妈妈,我是学校的形象标兵,全校也就这几个人。明天我们就要登台亮相了,但是现在我心里很没底,不知道自己明天的表现会怎样。"

"噢，原来是因为这件事情啊。"听了我的解释，妈妈如释重负，"果果，让妈妈来给你讲个历史故事好吗？"

接下来，妈妈就告诉了我这样一个故事：

战国时期，毛遂在四公子之一的平原君门下做门客。公元前257年，秦国军队包围了赵国都城邯郸，赵惠文王派平原君出使楚国请求援助。但楚王不是个容易对付的角色，于是平原君带了二十个门客前去，如果能通过谈判达成协议，固然最好，万一不行就用武力强迫楚王同意。可是，他挑来挑去还是缺一个人。

这时，有个人站起来，对平原君说："主公，我自认为符合去的条件。"

平原君觉得他眼生，便问他："你叫什么名字，到我门下多长时间了？"

门客说："我叫毛遂，来三年了。"

平原君说："有才德的人，就像锥子在口袋里一样，很快就会显露出来。你在我门下这么久了，却从未听到有人称赞过你，可见你才能一般。这次任务关系重大，我看还是免了吧。"

毛遂说："正因为您没有把我放在袋子里，所以才没有冒尖儿。"平原君听他出言不凡，刚好又找不到更为合适的人选，就决定让他跟着一同去。

到了楚国，楚王果然没有合纵抗秦的打算。众门客束手无策，只见毛遂不慌不忙，拿了宝剑，来到平原君与楚王面前，楚王命他退下，毛遂按着宝剑说："你用不着仗着人多势众，如此呵斥我。如今我离你只有十步之遥，我主公在这里，你发什么火！"

楚王看他拿着宝剑，便和气地说："那我倒要听听先生的高见了！"接着，毛遂向楚王详细分析与赵国结盟有百利而无一害，楚王听了当即与平原君歃血为盟，并派春申君黄歇为大将，率领八万大军，浩浩荡荡地前去援助赵国。毛遂也因此赢得了平原君和其他门客的尊重，一举成名。

讲完这个故事之后，妈妈舒了一口气，温和地对我说："孩子，毛遂出使楚国是凭借自信争取的机会，然后让自己一举成名，获得了成功。你被选中成为全校的形象标兵，是一种幸运，更是对你自身的肯定。很多同学都没有争取到机会，所以你要珍惜这次机会，相信自己能够做得很好，做得很漂亮。"

"嗯。"听了妈妈的鼓励,我信心满满的,"那我明天要好好表现。"

妈妈听了很高兴:"孩子,不要让他人的言论左右了你的思想,要相信自己内心的想法,努力去实现它,这样,你才能够取得人生的胜利。孩子,妈妈相信你是最棒的。妈妈等着你的好消息。"

妈妈对我说

自尊建立在自重和自爱的基础之上。一个尊重自己的人,能够正视自己的价值,既不妄自菲薄、自暴自弃,也不会随意放任自己,降低对自己的要求。

有一个小男孩在孤儿院长大,他常常为自己的出身而自卑。有一次他悲观地问院长:"像我这样没有人要的孩子,活着究竟有什么意思呢?"院长笑眯眯地对他说:"孩子,别灰心,谁说没有人要你呢?"

有一天,院长亲手交给男孩一块普通的石头,说道:"明天早上,你拿着这块石头到市场上去卖,但不是真卖。记住,无论别人出多少钱,绝对不能卖。"

男孩一脸迷惑地接下了这块石头。

第二天,他忐忑不安地蹲在市场的一个角落里叫卖石头。出人意料的是,竟然有许多人要向他买那块石头,而且价钱一个比一个出得高。男孩记着院长的话,没有卖掉。回到院内,他兴奋地向院长报告,院长笑笑,要他明天拿着这块石头到黄金市场去叫卖。在黄金市场,竟然有人出比昨天高出十倍的价钱要买那块石头,男孩拒绝了。

最后,院长叫男孩把那块普通的石头拿到宝石市场上去展示。结果,石头的身价比昨天又涨了十倍。由于男孩怎么都不卖,这块石头被人传扬成"稀世珍宝",参观者纷至沓来。

男孩兴冲冲地捧着石头回到孤儿院,他眉开眼笑地将一切情景禀报给院长。院长亲切地望着男孩,说道:"生命的价值就像这块石头一样,在不同的环境下会有不同的意义。一块不起眼的石头,会因你的惜售而提升它的价值,而被说成是稀世珍宝。你不就像这块石头一样吗?只要自己看重自己,自我珍惜，生命就有意义，有价值。"

果果的小心得

一个人只有珍惜和看重自己，生命才会有意义，有价值。每个人的生命就像故事中的石头一样，只有我们先珍视和看重自己，别人才会看重你。

我们的价值不是取决于别人对我们的态度，也不会因为我们遭受挫败而贬值，无论别人怎么侮辱、诋毁、践踏你，我们的价值依然存在。

因此，任何时候都要正视自己的价值，不要因为别人对自己的评价和态度而改变对自己的看法，无论别人怎么说，我们的价值都不会因之而改变。

常言道，天生我材必有用，但这个有用的前提就是将个人价值与社会价值统一起来，做一些对他人有用的事，这样我们才能充分施展自己的才华，实现自己的理想。

寻找生命中的阳光

一天早晨，天气凉爽，阳光也很好。我和花花、葱头、媛媛一行人骑车到郊外的山上去玩。一路上我们有说有笑，偶尔凉风吹过来，惬意极了。不知现在山上的杏花开得怎样了，我们都在憧憬着。

就在路口转弯的地方，我们看到了惊险的一幕：一辆大卡车和一辆小汽车相撞，人被撞出去了五六米远。这样的景象被花花看到之后，她当场就晕倒了。

"不好，花花晕倒了，我们快拨打120。"葱头赶快招呼我们几个。

媛媛赶快接着说："要赶快告诉叔叔阿姨。"说着就往花花家里打电话。

花花一定是被这场车祸吓住了，送到医院之后，经过医生的救助总算从昏迷中醒了过来，但是却还没从车祸的阴影中走出来。我们几个人很想进去看看她，可是她不想见我们。

无奈之下，我只好给花花递去一张小小的卡片，上面写着：花花，我们在外面都很惦念你，听医生说你很快就会康复了，心情一定要好一些，这样才能早日恢复。

妈妈曾经告诉过我：人的一生当中会遇到很多的苦难，不管是幸福还是不幸，别人都没有办法代替你。因此无论怎样，我们都要学会与自己好好相处，掬一捧阳光给自己，多想想生活中的美好，那么痛苦就会减少很多。

希望花花能多回忆一些生活中美好的片段，这样她就能很快好起来了，我想那个时候她肯定会比现在更漂亮。

妈妈对我说

很多人一生都在寻找快乐，而学习的压力、父母的期望以及对未来的不确定让我们觉得生活中仿佛会有吃不完的苦。

快乐是什么？快乐是血、泪、汗浸泡的人生土壤里怒放的生命之花。正如惠特曼所说："只有受过寒冻的人才感觉得到阳光的温暖，唯有在人生战场上受过挫败、痛苦的人才知道生命的珍贵，才可以感受到生活之中的真正快乐。"

托尔斯泰在他的散文名篇《我的忏悔》中讲了这样一个故事：

一个男人被一只老虎追赶而掉下悬崖，庆幸的是在跌落过程中他抓住了一棵生长在悬崖边的小灌木。此时他发现：头顶上那只老虎正虎视眈眈，低头一看，悬崖底下还有一只老虎，更糟的是，两只老鼠正忙着啃咬悬着他生命的小灌木的根须。绝望中，他突然发现附近生长着一簇野草莓，伸手可及。于是，这人摘下草莓，塞进嘴里，自语道："多甜啊！"

无论在困境中还是顺境中，激情都是鞭策和鼓励我们奋进向上的不竭动力。只有对生命充满激情，才能使自己对现实中所有的困难和阻碍毫无畏惧。激情，是一种能把全身的每一个细胞都调动起来的力量。

在所有伟大成就的取得过程中，激情是最具有活力的因素。每一项改变人类生活的发明、每一幅精美的书画、每一尊震撼人心的雕塑以及每一部让世人惊叹的小说，无不是激情之人创造出来的奇迹。最好的劳动成果总是由头脑聪明并具有工作激情的人完成的。

一位女孩曾讲述过自己的难忘经历，让我们深知在生活中保持旺盛的激情是多么的重要。下面且让我们来听听她的自述：

经历了黑色七月，我并没有取得自己梦想中的好成绩，尽管分数上还说得过去，但只能进一所不起眼的大学。经过半个年头，终于放寒假了。在家里的时候，父亲向我问起了大学生活，我告诉他说："其实真的很没劲。"

我的父亲是个铁匠。他听了我的话后，脸上一直很惊愕，沉默了半晌之后，转过身用他那粗壮的手操起了一把大铁钳，从火炉中夹起一块被烧得通红通红的铁块，放在铁垫上狠狠地锤了几下，随之丢入了身边的冷水中。

"滋"的一声响。水沸腾了，一缕缕热气向空中飘散。

父亲说："你看，水是冷的，然而铁却是热的。当把热热的铁块丢进水中之后，水和铁就开始了较量——它们都有自己的目的，水想使铁冷却，同时铁也想使水沸腾。现实中，又何尝不是如此呢？生活好比是冷水，你就是热铁，如果你不想自己被水冷却，就得让水沸腾。"听后，我感动不已，朴实的父亲竟说出了这么饱含哲理的话，让我真的感动不已。

第二学期开始了，我反省自己，并且不断地努力，学习终于有了一点起色，内心也开始一天天地丰富充实起来。

如果你不想被平庸无色的生活冷却了你的斗志，你就得用生命的激情与辛勤的汗水让这盆冷水沸腾。不是吗？

果果的小心得

罗曼·罗兰说："痛苦像一把犁，它一面犁破了你的心，一面掘开了生命的新起源。"不知苦痛怎能体会到快乐？痛苦就像一枚青青的橄榄，品尝后才知其甘甜，但这需要品尝的勇气！其实，人在青少年时要让自己快乐非常简单，那就是少一点欲望，多一点自信，在身处绝境时，也能看到希望的光芒。当然，我们更要学会在痛苦中寻求快乐的音符，保持对生活的激情，这才是人生的真谛。

我知足，我快乐

病来如山倒，病去如抽丝。昨天我已经请假一天，在家里休息，没有想到今天仍然高烧不退，早上醒来发现自己浑身无力，说话都有些张不开嘴，一想起自己要落下这么多功课，心里不禁有些着急。

"妈妈，我什么时候才能去学校啊？"我问妈妈。

"果果，你烧得太厉害了，需要两三天的时间才能恢复健康，这些都是人体的正常反应。难道这点小痛苦你承受不了吗？"妈妈温和地说。

"嗯，总之生病让人心情不爽。"我只管自己嘟嘟囔囔。

"果果，人的一生难免会遇到一些疾病的困扰，我们只要坦然去面对就好了。面对痛苦我们要乐观，要知道痛苦和快乐是一对孪生兄弟。难道一个小小的发烧就能把你打倒吗？"

"可是很难受啊。"我很委屈地对妈妈说。

"体力的恢复是需要时间的，只要你保持心情愉快，多吃点东西，很快就会康复的。最重要的是要保持一颗快乐的心。生活中只有懂得在痛苦中寻找快乐的人，才会过得有意义。这个时候就是锻炼你的时候，你要学会在病痛中找

到快乐，才能更快地成长。"

"嗯，妈妈我知道了。有你的陪伴我很高兴，你温暖的胸怀可以让我倚靠。"听了妈妈的话，我心里感到暖暖的，觉得自己其实是很幸福快乐的。

"这就对了，果果。"妈妈高兴地对我说，"懂得让自己快乐，能够让自己在痛苦中找到快乐，这是人生寻找的真谛之一。"

妈妈对我说

其实幸福本没有绝对的定义，许多平常的小事往往能撼动你的心灵。能否体会幸福，只在于你的心怎么看待。想要拥有幸福的生活，就要怀有一颗感恩的心。

有的时候我们会觉得自己拥有的一切不值得感恩，因为我们并不知道自己到底拥有哪些东西。朋友不值得感恩，因为他们并没有为我们做什么让我们感恩戴德的事情。老师不值得感恩，因为我们是交了学费的。身体健康不值得感恩，因为我们还小，本来就不该有什么疾病纠缠。

卡耐基的著作中有这样一个十分感人的故事。故事的主人翁是一位名叫波姬儿的女教授，她是一位充满勇气、坚强乐观的女性，她写过一本自传体的书，书名叫《我希望能看见》。

小时候，她渴望和小朋友做游戏，但苦于看不清地上画的线。当别的孩子回家后，她趴在地上认准地上的线，等下次再和小伙伴玩。

她在家里看书，把印着大字的书靠近她的脸，直到眼睫毛都碰到书页上。她得到两个学位：先在明尼苏达州立大学得到学士学位，再在哥伦比亚大学得到硕士学位。

她开始教书的时候，是在明尼苏达州双谷的一个小村子里，然后渐渐升到南达科他州奥格塔那学院的新闻学和文学教授。她在那里教了13年，也在很多妇女俱乐部发表演说，还在电台主持谈书本和作者的节目。"在我的脑海深处"，她写道，"常常怀着一种怕会完全失明的恐惧，为了要克服这种恐惧，我对生活采取了一种很快活而近乎戏谑的态度。"

1943年，波姬儿已是52岁的老妇，奇迹出现了！著名的"美友医院"为她做了一次成功的手术。她终于能清楚地看见这个世界了。

一个崭新的、令人兴奋的可爱世界呈现在她眼前。现在，她甚至在厨房水槽洗碗的时候，都会有战栗的感觉。

"我开始玩洗碗盆里的肥皂泡沫，"她写道，"我把手伸进去，抓起一大把小小的肥皂泡沫，我把它们迎着光举起来。在每一个肥皂泡沫里，我都能看到一道小小彩虹闪出来的明亮色彩。"

果果的小心得

在常人看来，波姬儿是不幸的，然而她自己却觉得自己是一个很幸福的人，甚至在厨房洗碗的时候，也会因兴奋而战栗，所有这一切都是因为她是一个懂得感恩的人，总是努力享受自己已经拥有的东西，而不去想自己没有或者已经失去的东西。

懂得知足，懂得感恩，不仅感谢帮助我们的人，更要感谢曾经以及还在拥有的一切。

世界无限大，而我们能够拥有生命、健康的体魄，享受食物、阳光，拥有家人的爱，难道不值得感激吗？

生活百味都需要品尝

因为生病了，所以不能去学校上课，所以只好一个人闷在家中。

下午的时候，闲着无聊，想起了和小伙伴们有说有笑的场景。可惜现在只有我一个人，不觉有点孤独了。一个人的下午，我该怎样度过？

睡过去吗？不困。

看电视吗？无聊。

写作业吗？不想。

那我一个下午做点什么好呢？简直把我愁坏了。一个人的时光真的这样难熬吗？心情一下低落了很多，眼泪不禁吧嗒吧嗒地落了下来，希望我赶快回到学校，能和我的小伙伴们在一起。

想给妈妈打个电话诉诉苦，于是拨通了她的手机号："妈妈，你什么时候回来啊。我在家里无聊死了。"

妈妈在电话的那一头安慰我说："果果你的病都好了吗？好好休息，妈妈晚上会准时回家的。"

"妈妈，我已经不难受了，一个人待着觉得没意思，不知道做点什么。"我对妈妈说。

"难道一个人就不能做些有意思的事情吗？怎么会觉得没有意思呢？"妈妈问我说，"如果你不难受了，可以做点自己喜欢做的事情，又没有人打扰你，不是很难得的时间吗？对了，你以前不是说想找个清闲的时间自己做个相框吗？现在就弄吧，等你做好了妈妈就到家了。"

"嗯。"我从床上爬了起来，终于找到属于自己的快乐时光了。

妈妈对我说

心情在一个人的生活中是无比重要的，然而，不是每个人都能带着好心情来度过每一天。人们常常会遇到不愉快的事情，从而背负上坏情绪。

南京的英子，一天早上醒来，发现她刚刚装修好的地下室被水淹了，她惊慌得不知所措。

"我第一个反应，"她说，"是想坐下来大哭一场，为自己的损失号啕。但是我没有这样，首先我问自己，最坏的情形会怎样？答案很简单：家具可能全泡坏了，嵌板可能被泡得弯曲不平，还留下了水渍，地毯也报销了，而保险公司可能不会赔偿这些。

"其次，我问自己，我能做什么来减轻灾情？我先叫孩子把所有可以拿得动的家具搬到没有水的车库里去。我向保险公司经纪人报告，并且打电话请地毯清洁工带吸尘器来。然后我和孩子向邻居多借了几个除湿机，使地下室能加速干燥。等到我丈夫下班回家的时候，一切都已经整理好了。

"我考虑了可能发生的最坏情形，想出怎样做些补救，然后动手忙起来，做了我必须做的事。我根本没有时间忧虑。当做完这一切时，我的心里轻松多了。"

每个人都希望"一帆风顺"，可是生活也有酸甜苦辣。面对人生烦恼和时代变化所带来的困惑，面对疾病的纠缠、奋斗的挫折、情感的伤害、学习的压力等困扰，人们的不良情绪就会油然而生。这时你必须努力让自己快乐起来。

当你有比较大的内心冲突和烦恼时，安慰自己"一切都会过去"。遇到挫折时，不妨先坐下来理一理头绪，看一看问题究竟有多少，切不可让它充塞在头脑里而成为一堆乱麻。应该时刻想到："我能胜任！"或者"我可能会失败，但是失败是成功之母！只要坚持下去，一定会成功！"不论遇到什么样的阻力，要保持自己的精神状态，要坚信："别人能办到的，我也能办到！"慢慢地，你就会被自己所鼓舞，心情就会好起来的。

德山禅师在尚未得道之时曾跟着龙潭大师学习，日复一日地诵经苦读，这让德山有些忍耐不住。一天，他跑来问师父："我就是师父翼下正在孵化的一只小鸡，真希望师父能从外面尽快地啄破蛋壳，让我早一天破壳而出啊！"

龙潭笑着说："被别人剥开蛋壳而出来的小鸡，没有一个能活下来的。鸡的羽翼只能提供让小鸡成熟和有破壳力量的环境，你突破不了自我，最后只能胎死腹中。不要指望师父能给你什么帮助。"

德山撩开门帘走出去时，看到外面非常黑，就说："师父，天太黑了。"

龙潭便给了他一支点燃的蜡烛，他刚接过来，龙潭就把蜡烛吹灭了。

他对德山说："如果你心头一片黑暗，那么，什么样的蜡烛也无法将其照亮啊！即使我不把蜡烛吹灭，说不定哪阵风也要将其吹灭。只有点亮了心灯一盏，天地自然一片光明。"

德山听后，如醍醐灌顶，后来果然青出于蓝，成了一代大师。

果果的小心得

生活百味我们都要品尝，有时候难免会情绪低落。其实，像德山开悟成佛一样，一个人想拥有快乐的心境，自己要学会清除心理垃圾，下意识地为心灵松绑，点亮自己的心灯。否则，你快乐的梦想只能"胎死腹中"。

心灵就是一座炼金的熔炉，快乐就在其中，只要将其熔炼，快乐就会闪闪发光。给心情放个假，让它在轻松的氛围中呼吸新鲜的空气，就会拥有一份更美好的生活。

挫折磨难亦值得感谢

从游乐园回来已经快晚上了，我和爸爸妈妈都沉浸在欢乐之中，时不时地哈哈大笑起来。正当我们在一起说说笑笑的时候，爸爸的电话铃响了，原来是爸爸的老同学打来的。

挂了电话，妈妈问道："是什么事情啊？"爸爸说："是李军，他今年又要参加一次司法考试。"

"啊？"我问爸爸说，"李叔叔还要参加考试吗？他都已经考了两次了，还舍不得放弃啊。"

"是啊！"爸爸说道，"李叔叔其实很聪明的，但是这几次考试都不顺利。第一次是因为生病没有考上，第二次是因为单位出差耽误了复习没有考上，要不是这些原因估计他肯定能考上。"

"嗯。不过我挺佩服李叔叔的，面对挫折还不放弃，真有恒心啊。"我由衷地赞叹。

听了我说的话，妈妈接着说道："人的一生总有可能会遇到下岗、失业、失恋、离婚、破产、疾病等厄运，即使你比较幸运，没有遇到那么多不顺利的事情，你也要面临升学压力、生活压力等各种各样的烦心事，这些事在人生的某一时期萦绕在你的周围，时时刻刻折磨着你的心灵，使你寝食难安。只有经受过这些磨难的人才能更快乐地成长，我们的生活也会在折磨中不断得到升华。"

听了妈妈的话，我恍然大悟："我知道了，必须历经磨炼，我们才会变得更加坚强，我们在承受压力和折磨的时候也会学到更多的知识。我也要像李军叔叔那样去挑战折磨我们的压力，争取做到最好。"

妈妈对我说

其实有许多奇迹都是在厄运中出现的，因为顺境使人们舒服，却也容易使人不再有所追求，因为顺境容易消磨斗志，从而平平常常，无法杰出；而逆境能磨炼坚强的意志，让我们奋力拼搏，顽强奋进，也许能够使自己的能力得到超常发挥，获得更令人陶醉、令人神往的成就。

克里蒙·史东是美国"联合保险公司"的董事长，美国最大的商业巨子之一，被称为"保险业怪才"。史东幼年丧父，靠母亲替人缝衣服维持生活，为补贴家用，他很小就出去贩卖报纸了。有一次他走进一家饭馆叫卖报纸，被赶了出来。他乘餐馆老板不备，又溜了进去卖报。气恼的餐馆老板一脚把他踢了出去，可是史东只是揉了揉屁股，手里拿着更多的报纸，又一次溜进餐馆。那些客人见到他这种勇气，终于劝店主不要再撵他，并纷纷买他的报纸看。史东的屁股被踢痛了，但他的口袋里却装满了钱。

勇敢地面对困难，不达目的绝不罢休——史东就是这样的孩子，他的人生轨迹也是如此。

史东还在上中学的时候，就开始试着去推销保险了。他来到一栋大楼前，当年贩卖报纸时的情况又出现在他眼前，他一边发抖，一边安慰自己："如果你做了，没有损失，而可能有大的收获，那就下手去做。"还有一点是："马上就做！"他走进大楼，如果他被踢出来，他准备像当年卖报纸被踢出餐馆

一样，再试着进去。他没有被踢出来。每一间办公室，他都去了。他的脑海里一直想着："马上就做！"每一次走出一间办公室，而没有收获的话，他就担心到下一个办公室会碰到钉子。不过，他毫不迟疑地强迫自己走进下一个办公室。他找到一项秘诀，就是立刻冲进下一个办公室，就没有时间感到害怕而放弃。那天，有两个人跟他买了保险。就推销数量来说，他是失败的，但在了解他自己和推销术方面，他有了极大的收获。第二天，他卖出了4份保险。第三天，6份。他的事业开始了。20岁的时候，史东自己设立了只有他一个人的保险经纪社，开业的第一天，他就在繁华的大街上销售出了54份保险。有一天，他有个令人几乎不敢相信的纪录，122份。以一天8小时计算，每4分钟就成交一份。

1938年底，克里蒙·史东成了一名拥资过百万的富翁。

他说："如果你以坚定的、乐观的态度面对艰苦，你反而能从其中找到好处。"

逆境客观上是一种不幸，实质上是弥足珍贵的财富。

对于一个人来说，摆脱痛苦的欲望比获得幸福的欲望会更强烈。幸福对于处于痛苦之中的人来说，常常是一种奢望，人们往往是以摆脱痛苦为第一步。在我们的现实生活中，许多生活在边远山区、经济落后的农村的孩子，其刻苦学习的精神，远比一些生活在大城市里的富裕家庭中的孩子要强。究其原因，是因为他们看到农村的环境、生活条件，比起大城市来说，要艰苦得多。他们强烈要求改变自己的生活条件与生存环境。而就目前来说，实现这一目的的最可靠、最直接的办法，就是好好学习，争取考上大学。大城市的孩子，在其学习的动力中，没有改变生存环境这个动力，如果他再没有更加崇高的理想，那么其学习的劲头，当然就无法跟那些农村的、穷困山区的学生相比了。

从这种现象可以看出，痛苦、艰难，其本身虽然不是构成幸福的条件，但是，它是促使人们奋发努力的一种力量来源。毛泽东所说的"穷则思变"也是这种思想的发挥。古代的孟子说："生于忧患，死于安乐。""忧患"就是艰难困苦，不堪忍受；"安乐"就是安逸舒适，快乐惬意。"生于忧患"，就是说困苦磨炼了人的意志，催人奋发向上，使人生命力顽强，朝气蓬勃。"死于安乐"，就是说安逸舒适的生活，会消磨人的志向，使人贪图享乐，惧怕艰苦，不思进取，从而使人失去了生存能力与旺盛的生命活力。自古以来，有多少花花公子就是由于贪图安逸，坐吃山空，最后贫困潦倒，以至于死无葬身之地。而那些穷苦人家的孩子，自小就在与艰难困苦的斗争中生活，患难给了他们坚强的意志，困苦使他们变得勤劳聪明，他们的物质生活是贫乏的，然而其内心是充实的。

果果的小心得

人生之路并不是坦途一条，获得幸福之路也不是通畅无碍的。人生有顺逆境之分，幸福的取得也有难易之分。但不管在怎样的条件下，人们都不应放弃对幸福的追求。在顺境中，人们以舒畅的心情谋求幸福；在逆境中，人们依然应当坚忍不拔、矢志不渝地追求幸福。幸福既可以在顺境中顺利地实现，也可以在逆境中艰难地获得。一般来说，大多数人都希望一生顺利，平安地获得幸福。但现实往往并不尽如人意。人的一生中，既会有得心应手的顺境，又会有困难重重的逆境。我们争取处在顺境中，但也不应该害怕逆境带来的磨难，而应该公正地看待顺逆境。顺境固然有利于事业的成功，逆境却能磨砺人的意志，激发人们克服困难，顽强进取。温室里的花朵经不起风雨的袭击，饱受风浪考验的海鸥却能够搏击海空。

第八章 满架蔷薇一院香
——给渴望美丽的你

不当时尚的奴隶
让美生生不息
选最适合自己的
让肌肤净白无瑕
化妆是种缤纷的心情
有品位的女孩最美丽

不当时尚的奴隶

"今天我买了一双新靴子,你们看看怎么样?"花花高兴地向我们炫耀她穿靴子的形象。

"嗯,花花穿什么衣服都很漂亮。"媛媛由衷地夸赞她。

"对,今年流行穿靴子,大家都买靴子穿吧。"花花鼓动我们。

听花花这么一说,我心里还真有点痒痒了,回到家,我和妈妈商量这件事:"妈妈,您看我能买双靴子穿吗?"

"果果,你是学生,穿休闲鞋或运动鞋都很合适,怎么想起来要穿靴子呢?"妈妈疑惑地问我。

"我看到花花穿靴子了,很漂亮。"

"花花腿很长,穿靴子当然会比较漂亮。可是你的腿不如花花的修长,搭配不好的话反而会起反作用呢。"妈妈耐心地向我解释。

"哦,原来是这个样子。可是花花说今年很流行靴子的,很多人都穿。"我向妈妈说道。

"果果,你要知道,流行的不一定就是最好的,也未必是最适合你的。如果你要买靴子穿的话,那你的裤子还有上衣以及外套这些都要和靴子相称才行。而且你现在还在上学,穿上靴子到学校去,你自己觉得自在吗?"妈妈这样一质问,我无话可说了。

"其实有很多女孩盲目地追随流行,而并不懂得如何真正地打扮自己。比如说,有的女孩腿又短又粗,却偏偏喜欢穿裹腿的裤子,有的女孩臀部很大,却偏偏喜欢穿又瘦又短的毛衣。这样一味追随时尚,却不懂得如何打扮自己是最好的，既浪费了很多金钱也得不到很好的效果。果果，你要知道打扮自己也是学问呢。"

嗯，我想妈妈也是为我好吧，看来我是不太适合穿靴子。

妈妈对我说

女孩应适当追求时尚，让自己的魅力与时俱进。对时尚的追逐、对自然的崇尚，是女性的永恒话题，而漂亮、随意、充满青春活力也应是最喜好自由生活、重视自我感受的年轻女性的专利。

为了在纷繁芜杂的时尚潮流中升华而出，女性必须把握几条重要的原则。

第一，注重时尚的和谐。

首先，时尚应当与自己的年龄相符。不同年龄追求不同的时尚，女性要根据自己的年龄特征选择适当的时尚服装。其次，时尚也应与自己的性格相符。只有当内在性格与时尚追求和谐一致时，女孩的美才能得到最充分的体现。

第二，抓住时尚的精髓。

时尚有其特定的内涵，非经提纯不能窥见其全貌，为此你首先需要做的就是对时尚提纯。要从它的核心部位入手，将它的实质构成寻找出来、挖掘出来，为己所用。

时尚的女性应当善于抓住流行色。流行的引领是服装，服装的引领是色彩。选用一两种流行色与基本色一起搭配，就能够做到既保持了自我又跟上了时尚。

时尚的女性应当善于自己创造流行。寻找流行目标，关爱自己，展现魅力，把自己当作是流行的晴雨表，时不时怪怪的却是蛮可爱的装束，不小心就制造了新一轮时尚。

第三，不做时尚的奴隶。

俗话说："有人创造流行，有人跟从流行。"因为有众多的人迷信流行，因而有了大众时尚。

时尚，把一颗颗不安分的心倾泻成引人注目的新潮，把一次次压抑的情绪

化为光怪陆离的冲动。时尚本无对错之分,但是盲目跟从时尚就难免陷入误区。

有的女孩为了追求时尚,往往不考虑自己的年龄、体形、肤色,甚至盲从一些标新立异的行为,如吸烟、染发和穿另类时装。为了追赶时尚,她们甚至不惜重金,弄得自己看起来一派风度,口袋里的钱越来越少,感觉却越来越糟。究竟要把自己放逐到什么地步,自己也不知道。

避开时髦的陷阱吧!为什么不张扬自己的个性,创造出自己的风格呢?只有当你的内涵和外表协调统一时,你才是最美的!

果果的小心得

做时尚的奴隶是可悲的。我们要学会的是用自己的眼睛观察自己,相信自己具有与众不同之处。如果仅仅生活在他人的时尚观念中,所拥有的当然只能是茫然和盲从。我们要活出自己的色彩,拒绝做时尚的奴隶。

让美生生不息

"哇,真是太帅了,帅死了。"听到了花花的一声尖叫,周围的人都把目光投向她。我也跑了过去,想看个究竟。尽管花花喜欢大惊小怪在我们看来习以为常,不过我总是好奇究竟是什么原因导致她如此。

原来,花花手里拿着一本时尚杂志,上面有一篇介绍无痛穿耳的广告,还在旁边印上一个女模特,她的耳朵上打了一排的耳洞,分别戴上了各种饰品。怪不得花花会兴奋成这样。

"果果,你说,我也去打耳洞好不好,反正不会疼。"花花兴致勃勃地对我说，"而且你看，我也可以在耳朵上扎一排的耳洞，然后戴上各种饰品。"

"不过看上去有点让人眼睛发麻。不是，纠正一下说法，是让人感到眼花缭乱。"我赶快用了一个比较中性的词汇向花花阐述我的意见，不知道她听明白没有。

"是啊！我要的就是这样的效果啊，不然的话怎样吸引别人的注意呢？"花花扬扬得意地问我。

这个花花，怎么想一出是一出啊！我干脆闭嘴不言。

晚上回家吃饭，我把这件事告诉了妈妈。

"妈妈，花花近期有个比较个性的想法，她准备在耳朵旁边打一排的耳洞……"

没等我说完，妈妈就打断了我的话："果果，你一定要劝她不要这样做，实在是非常危险。"

"危险？很危险吗？花花说是无痛穿耳。"看到妈妈夸张的表情，我解释道。

"不是的，你不懂。"妈妈跟我说，"以前我在媒体上面看过报道，曾经有个小女孩因为打了一排的耳洞，最后导致面瘫了。因为耳朵上面有很多细微的神经组织，如果打了耳洞造成这些组织的连接不通畅，就容易引起炎症，或者使耳朵萎缩，甚至出现面瘫。"

啊！原来打耳洞是这样危险的事情啊。

"不仅是这些，你想想，耳朵被打穿之后，会不会为细菌的侵入打开了便利的通道？还有，平时佩戴的那些廉价的饰品都是摆在柜台上任人挑选，肯定也不卫生啊。甚至还有些不正规的打耳洞的地方，打耳洞的工具都没有消毒，安全很没有保障啊。"

嗯，看来打耳洞确实很危险，回去我一定要告诉花花。

妈妈对我说

女孩趁着年轻，追求时尚本没有错，但越来越多的女孩在追逐潮流的同

时，漠视了健康的重要性。一些所谓的"时尚"虽然只是很不起眼的生活方式，但这些有损健康的生活方式一旦成为习惯，对健康的负面影响就不可小觑了。我们不仅要时尚，更要健康，这样才能让美生生不息。

妈妈告诉你几种时下流行的有损健康的观念，你也可以讲给你的朋友听，你们一定不要走进爱美的误区。

1. 穿塑身内衣

塑身内衣有的束腰，有的收腹，有的修饰腿部线条，还有一种被称为"全身绑"的连体内衣，厚厚的强力纤维把上腹、腰、下腹、臀、腿从上到下紧紧地箍起来，穿着它连呼吸都有些困难。不过爱美的女孩还总是自我安慰，"习惯就好了"。事实上，如果为了某个场合，短时间内用内衣修饰体形没有问题，但如果天天如此，恐怕就要影响健康了。

女性由于体内激素的作用，脂肪沉积，特别在臀、胸、腹等部位，是自然的生理现象，没有必要去刻意改变。追求不健康的所谓"骨感美"，长期用紧身衣、腹带等束紧胸部、腰腹部，将严重影响健康。特别是处在青春期的女孩，身体尚未发育完善，如果一味求"瘦"，束腰、收腹，会影响腹部器官的正常生长发育。

腹部有许多重要脏器，如肠、胃、子宫、卵巢等，束身衣长时间紧缚肌肉，影响身体的自由活动，从而使腹部的血液供应受到限制，腹腔器官供氧不足，会影响众多器官的生理功能。另外，束腰还会影响下肢血液循环，可能导致下肢水肿。

2. 打耳洞

打耳洞已不是什么新鲜事了，但是打得耳洞越多，细菌病毒越容易入侵。耳钉、耳坠等饰物放在柜台上，长期暴露在空气中，本身未必干净，街边所谓的"无痛穿耳"就更没有安全可言了。病毒和细菌侵入身体，极有可能造成感染，特别是气温渐高的春季和夏季。更严重的是，在耳朵上过多穿孔，有可能造成软骨炎，使耳朵萎缩。至于在鼻子、舌头、肚脐等部位打洞，就更危险了。

3. 滥吃减肥药

当减肥成为时尚，就是一件很可怕的事情了。不少女性在医院减肥遭拒之后，开始自寻门路买减肥药吃，殊不知这是一件更加危险的事情。不少减肥药是处方药，如果在医生的指导下服用，是安全有效的药品，但若不顾禁忌、不遵医嘱随便吃，就会出现不良后果。其实减肥的根本在于改变不良的生活习性，滥吃减肥药是没有效果的。

对于单纯性肥胖者而言，少进食、多运动比任何减肥药都要安全有效。女孩随着年龄的增长，自然会在臀、胸、腹等部位沉淀脂肪，如果为了减肥而强制性节食，势必导致营养不良，甚至器官功能衰竭。所以，减肥切忌盲目，一定要在专业医师的指导下进行。

4. 长期佩戴戒指、项链等首饰

有些女性怕戒指丢了，就用线把接头缠牢，紧紧地箍在手指上，由于摘戴不便，就干脆不摘。天长日久，受箍的手指皮肤、肌肉就会下陷或产生环状畸形，严重影响手指的血液循环，戒指里面还会藏匿很多细菌，易造成局部坏死或细菌感染。

另外，长期戴项链也不利健康。除纯金项链外，其他项链在制作过程中均掺入了少量的铬与镍。尤其是那些廉价的合成金属制品，成分更加复杂。佩戴后，项链所接触到的皮肤有时会出现微红、瘙痒，此时如不及时取下项链，几天后，症状就会蔓延开来，形成湿疹般的红肿，严重者还会形成溃疡。

果果的小心得

时尚可以追，但健康不能不要，没有了健康，怎么去追求时尚？所以，喜欢追求时尚的女孩要懂得在追求时尚的同时，保护自己的健康，否则就是舍本逐末了。只有健康和时尚同行，我们的美才能生生不息。

选最适合自己的

"喂！你们有谁看了前段时间网上流行的犀利哥？"花花又开始八卦了。

"什么犀利哥？"葱头听说"网上流行"这几个字眼就已经十分感兴趣了，再加上有个什么"哥"，她就更感兴趣了。

"是不是就是那个打扮时髦、穿得像巴黎时装秀的身份不明的男乞丐？"媛媛看来还是看了一些新闻的。

"媛媛，你的话有逻辑错误啊。什么叫打扮时髦的乞丐？乞丐还有打扮时髦的说法吗？"葱头被媛媛一长串的修饰词语弄得有点丈二和尚摸不着头脑。

"你还别不信人家媛媛的话，我特意从网上下了两张图片。一张是街头犀利哥的，一张是正在走秀的时装男模的，你看看他们穿的，风格太像了。"花花变戏法似的从书包里拿出两张照片。

葱头认真地看了两秒钟，说了句让大家都喷鼻血的总结语："我说，怎么从来没看见有人穿得像T台的模特儿，原来乞丐穿着才合适啊……"

大家当场笑晕。

妈妈对我说

果果，葱头还真幽默。不过，她说的话确实值得我们大家思考：怎样穿才是最合适的？是不是像T台的模特或者电视里的演员们一样就是漂亮的呢？

很显然不是——弄不好就成"犀利妹"或"犀利姐"了。

那么，什么才是适合自己的穿着打扮呢？穿衣服有没有特别需要注意的地方呢？

答案是肯定的。穿衣服要分季节、场合和面向的对象。一般来说，像你们这样的青少年，由于在学校和家里的机会比较多，而面对社交场合的情况比较少，所以最合适的莫过于各系列的休闲服了。

休闲服是一种比较随意的服装，在色彩搭配上比较活泼，没有特别的限制和要求，在面料的选择、搭配上同样也有很大的包容性，随意而自然，与职业服装相比，具有多样化和简单化的特点。

穿什么衣服合适通常还和人的体型相关。

说到体型，人们往往将其归纳为标准型、葫芦型、运动员型、梨子型、腿袋型和娇小型六种类型。

第一种：标准型。西方女性理想身高为170厘米，东方女性为162厘米，当然，稍高一点也是可以的。这种体型要求颈部、肩膀、躯干、胸部、腰部、臀部、大腿、臀边肉和小腿等，都要有完美的比例。

如果你属于标准体型，那么穿什么衣服都好看，不过有这样体型的人十人中仅一人而已。绝大多数的人都是属于下列五种体型的人。

第二种：葫芦型。身材就像葫芦一样，胸部、臀部丰满圆滑，腰部纤细，曲线玲珑，十分性感。这种身材的女生适宜穿着低领、紧腰身的衣服，质料以柔软贴身为佳。

第三种：运动员型。这种身型身材苗条、胸部中等或较小、臀部瘦削扁平，没有腹部及大腿边的赘肉。这种体型，应该是比较容易穿衣的，但要避免紧身衣裤或低腰长裤。适合的穿着有舒适飘逸的罩衫、打褶的裙子、宽松的洋装、宽松打褶的长裤等。

第四种：梨子型。这种身型上身肩部、胸部瘦小，下身腹部、臀部肥大，形状就像一个梨子。由于腹部肥大的关系，往往形成腰线提高，也就是变得上身较短。宽松的洋装和伞装是比较合适的衣着，目的是要转移对腰部的注意力。其次，上衣要宽松，长度以遮住臀部为宜。

第五种：腿袋型。这种体型臀部和大腿边有许多赘肉，看上去就像在大腿旁边挂上了两个袋子一样。如果是这样的体型，要绝对避免穿紧身裤子，那样只会暴露缺点。穿样式简单的打褶裙子或长裤，颜色也最好选择明亮度和色彩度较低的暗色。尽量把注意力放在上身，佩戴色彩鲜艳的丝巾、围巾等装饰物。

第六种：娇小型。这种体型指身高在155厘米以下的女生。由于受到身高的限制，服装可变化的范围相比高大、健壮的体型要少得多。最佳的穿着风格是整洁、简明、直线条的设计。垂直线条的褶裙、直筒长裤、从头到脚穿同色系或素色的衣服、合身的夹克都会使得娇小型的人显得轻松自然。大型印花布料、厚布料、太多的色彩、松松垮垮的衣服、大荷叶边、紧身裤等，都应避免。

不过对于青少年朋友，还是不建议穿过于高跟的鞋子。因为直到25岁前，女生的身体都一直处在生长的过程中。

果果的小心得

只有舒服的才是合适的，只有合适的才是适合自己的，我终于明白这个道理了。尤其对我们学生来说，大部分时间都要用来学习，就更要让自己穿得舒适和放松了，我可不想成为学校的"犀利妹"。

让肌肤净白无瑕

外面的太阳越来越晒，天气也越来越热了。空气中到处可以感觉到浮躁两字。

上课的时候有些同学就受不了这气温，拿着作业本或者笔记本不停地扇着。

因为上课开风扇声音太大，会影响大家听课，所以老师规定上课谁也不许开风扇。并且还给了大家一个望梅止渴的办法,说是:"心静自然凉。"

"凉什么凉?大自然明明是热的!"葱头在那边小声嘀咕着,"要实事求是!老师!"

媛媛拉了拉葱头:"'忍'字头上一把刀,老师也是为你好……"

葱头不满地哼了一声,也不做声了。

一下课,大家都嚷着要开风扇。

"你干吗啊?不会走慢点啊!"花花生气地大叫起来,"我的唇膏都被你碰到地上了!"

"大夏天的,还涂什么唇膏啊。"葱头从地上捡起唇膏,立刻赶着去开风扇去了。

这边花花的脸已经由白色变成红色了,战争一触即发。

"先别生气,看看坏了没。"媛媛马上叫住花花,"还好,还好。还盖着呢,没坏!花花,你怎么夏天也涂唇膏啊。"

"唇部护理可不分夏天冬天!我这个唇膏可是有防晒功能的。"花花得意地说。

妈妈对我说

果果!花花说得没错。唇部护理和肌肤护理一样,是不分春夏秋冬的。认为唇膏只能在冬天用,那是对皮肤保护的误区之一。

其实啊,唇部皮肤特别容易受到损害。在炎热的夏天,直射的太阳很容易把唇部肌肤烤伤,使它变得薄而干燥。这样进入冬季后更容易受冷风刺激而脱皮。所以即使是夏天也不能忽视唇部的保养,并且最好选择有防晒功能的润唇膏。

一般来说,女孩子从18岁就可以开始护肤了。这个时候可以只做做简单的补水等项目,之后随着年龄增长和皮肤状况再增加相应的项目。

好好护理自己的皮肤还是很有讲究的。你们一定要多多注意,避开误区,合理保护,才能让肌肤净白无瑕。

果果的小心得

听了妈妈的话我才知道,原来在保养皮肤上我有这么多误区啊。难怪我明明还挺呵护自己皮肤的,但却经常觉得皮肤状态并不是那么好。看来,用对方法才是最重要的。我一定要好好检查一下自己的护肤步骤,争取也能拥有净白无瑕的肌肤。

化妆是种缤纷的心情

"花花,今天化妆了吧?"媛媛跑过来笑嘻嘻地说。

"看出来啦?"花花悄悄地凑到媛媛的耳边。

"是啊,眼线画得太明显了。"媛媛接着笑,"今天有什么重要的晚会参加吗?"

"没有啊。"花花觉得媛媛问得很奇怪。

"没有那你化什么妆?"媛媛觉得花花更奇怪。

"那肯定是心情不好,有人得罪咱们的美女了呗……"葱头在旁边搭腔。

"你就希望我心情不好吧?"花花看见葱头就想和她生气。

"那难道你心情很好啊?"葱头听出花花不高兴了,她偶尔也会主动示好。

"天天都有啊,美丽的心情……"看来花花今天心情确实挺不错的,居然唱起宋祖英的《美丽的心情》来了。

妈妈对我说

果果,你朋友花花还真是个乐天派。心情也是一会儿晴一会儿阴的,赶上她心情好的时候脾气也变好了。

是啊，很多人说"女为悦己者容"，为什么就不能为自己的好心情化一次妆呢？或者说化妆只是为了让自己心情更好呢？

化妆，就是运用化妆品和工具，采取合乎规则的步骤和技巧，对人的面部、五官及其他部位进行渲染、描画、整理，增强立体印象，调整形色，掩饰缺陷，表现神采，从而达到美容的目的。

化妆会让女孩子变得更漂亮。人变漂亮了，心情自然也跟着好了。那么化妆的时候应该要怎么做呢？

其实，不用太复杂，简单的几步，就可以让自己容光焕发。

第一步，打粉底。在上浅色的粉底之前，先在脸上抹上薄薄一层肤色修颜液，然后再擦上少量浅肤色粉底，能使你的皮肤迅速白皙。

第二步，眼部化妆技巧。首先是涂眼影粉，但是眼影粉不能直接抹，而应该在粉底的基础上使用。涂上眼影粉以后，要尽量用棉棒将它涂抹均匀。其次是画眼线，画眼线用力要均匀。

第三步，秀出闪亮的睫毛。睫毛化妆能给眼睛带来神秘的梦幻般的感觉。在涂染睫毛膏之前，先要用睫毛夹把睫毛夹得翘上去。涂上睫毛时，眼睛视线要向下看，睫毛刷由上睫毛的根部向睫梢边按边涂；涂下睫毛时，眼睛视线要向上看，睫毛刷要直拿，左右移动，先沾在毛端上，再刷在毛根上，最后还要把粘在一起的睫毛分开。如果每根睫毛都沾有睫毛膏，而且粗浓均匀，就达到了理想的效果。

第四步，不同唇形要有区别地化妆。厚嘴唇要先用粉底厚厚地搽一层，盖住原来的轮廓，然后涂一些蜜粉，再涂上口红，要使嘴角微微上翘。薄嘴唇在化妆时，要尽力表现出双唇的饱满，在画唇线时可以稍稍往外画一点儿，在上唇的中央画出优美的曲线，这样会使嘴唇显得丰满些，在涂口红时注意不要让原有的唇线透出来。平直的嘴唇则要在上唇画出明显的唇峰，下唇的轮廓呈满弓形。涂口红时，上下唇的中间颜色要浅一点儿，唇峰的颜色要深一点儿，深浅过渡要自然，突出立体效果。

可以说，细微处更见化妆的功力。

果果的小心得

就像妈妈说的，化妆能表现出女孩子独有的天然丽质，焕发风韵，增添魅力。成功的化妆能唤起女孩子心理和生理上的潜在活力，增强自信心，使人精神焕发，还有助于消除疲劳，延缓衰老。我觉得化妆其实更重要的是给自己一个缤纷美丽的心情。我也要向妈妈学习一下化妆技巧，虽然上学的时候不用化妆，但是总有一天能用到。到时候，这也是我的一项小技能啦！

有品位的女孩最美丽

"花花，最近你怎么跟变了个人似的，天天捧着书看，也不给我们讲穿着打扮了。到底看什么好书呢？"媛媛看花花一有空就捧着书看，有点不理解。

"打扮就那么点东西，我都讲完了。平时你们自己多多注意就好啦。"花花笑了笑，"从现在起，我要多花点时间阅读，成为一个外表美和内心美同时兼备的最美的人！"

"你说的就是让自己变得更有品位吧？"葱头凑过脑袋，翻了翻花花手里的《美学史》，"早该这么做了……"

"你什么意思？话里有话啊？难道我以前没品位吗？"花花急了。

"别急啊！葱头是说'更'有品位，说明你以前还是有一定的品位的，只是还不够……"媛媛说着说着就觉得，自己怎么越解释越乱啊。

"总之，你看书吧，我支持你！更支持你的'最美说'！"看媛媛都开始挠后脑勺了，我也忍不住过来打圆场。

> **妈妈对我说**

果果，难怪你们几个能成为死党级别的朋友了。花花看来也不是只单单讲究外表的女孩子嘛。

对一个女生来说，穿得干净清爽是最基本的要求，如果懂得修饰仪容当然更好，不过最好的，还是有文化内涵，做一个由内而外都有品位的美女。也只有这样的女生，美丽才不会因为年龄而褪色，反而会因为智慧而越发让人觉得光彩亮丽。

做一个有品位的美女要修炼哪些内功呢？

第一，要养成看书的习惯，无论什么时候，书都是最好的老师。

女孩到了二十几岁后，就已经开始慢慢地接触社会了，在与别人交往的过程中，谈吐与修养是最能征服别人的。你读过的每本书都可能成为社交的资本。一个不喜欢看书的女孩，是不会充满智慧的。可以毫不夸张地说，没有人会喜欢与一个肤浅的女孩交往。

第二，要有一双发现美的眼睛，一种感受生活中的美的心态。

不管做什么事情都先想着成功。并在这种一定会成功的积极心态下，乐观地去努力奋斗。因为悲观永远都是成功的阻碍，只有积极向上的情绪才有可能让生活变得美好。要相信明天一定会比今天更好，不要抱怨生活，因为抱怨有时候只是证明自己没有真正地去努力而已。

第三，跟有思想的、优秀的人交朋友，朋友在精不在多。

女孩应该有选择性地交朋友，尽管大家常说人脉非常重要，那也不是意味着你就需要广开人脉之源，要知道，交的朋友越多，你要应酬的事也相对越多，烦恼也随着越多。

第四，学会忍耐与宽容。也许你说，我是公主，大家都应该宠着我。要知道，总有一天，你会面向社会，而社会并不是一个任性的地方。你的大小姐脾气迟早要吃亏的。

第五，重视自己的身体。女孩不仅要学会调节自己的心态，也要好好保护自己的身体。身体是最重要的，相信每个人都知道，但是在真的做起来时，并不是一件简单的事情。在饮食方面要多多注意，多看一些关于健康饮食的书。

第六，不要沉溺于泡沫偶像剧。电视里的白马王子与灰姑娘都是生活里的男孩或女孩向往的，但是遗憾的是，它们并不是真实存在的，而往往是超越了生活的，女孩子如果一味地沉溺于这种虚假的童话氛围里，时间久了可能会被幼稚化，觉得生活处处不美好。如果真有那么多空余时间，还不如多看一些能够帮助自己的书呢。

最后，大家一定要多笑。就像很多人喜欢晴天一样，你的笑容就是晴天里的太阳，会带给人温暖和力量。

果果的小心得

再美丽的外表也会有老去的一天，只有内在的东西才能永远跟随我们。牢记以上几点，增加自己的内涵，让美丽不只是停留在表面，这是妈妈对我的期望，相信我也一定能做到。好好锻炼自己，做有品位的女孩！

第九章

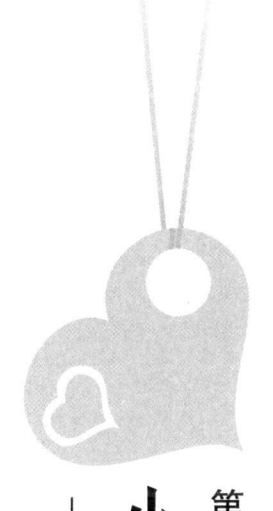

小而弥坚，做最美的自己
——给逐渐成熟的你

摒弃躁动，让心安稳

学会包容

温柔是一种武器

自己的情绪自己做主

寻找持久的美丽

我是颜色不一样的烟火

擦亮我的气质招牌

摒弃躁动，让心安稳

花花，有时真像是个万花筒，为什么这样说呢：因为她变得太快了。

"汪峰，我崇拜的汪峰，居然出书了。"花花兴奋地捧着那本封面深沉的书在我眼前晃来晃去，说道，"以后，我也想写书，觉得写书挺好的。你说，我今后朝这个方向发展好不好？"

"嗯。"我漫不经心地回答。

"嗯，我不仅要写书，还要学画画，然后把我的作品也印在书上，你觉得好吗？"花花又冒出了一个新点子。

"好啊，可以。"我敷衍道。

"那我要好好想想学什么画比较好？我是学习素描呢，还是水彩呢，还是油画呢，还是国画呢？哎，果果你说呢？"花花看我老不说话，想征求我的意见。

"这个……"我真不知道该怎么回答她，"你要先找找画画的感觉才好啊。"

费了九牛二虎的力气，总算把她哄顺了。

过了几天之后，花花又慌慌张张地跑了来："果果，你看，演唱会啊，我最喜欢的歌星啊。不行，我以后想要当一名歌星，我要体验一下被人崇拜的感觉。"

"花花，你的画怎么样了，想好自己要画什么了吗？"我故意试探着问道。

"嗯，是这个样子，我画了画之后，觉得我最适合的是——简笔画。"花花很认真地告诉我她的调研结果。

我彻底无语了。

妈妈对我说

生活中有很多女孩就是这样,她们看到一部小说在社会上引起强烈反响,就想学习文学创作;看到电脑专业在科研中应用广泛,就想学习电脑技术;看到外语在对外交往中起重要作用,又想学习外语;想当歌星,又想当企业家、老板,今天学电脑,明天学绘画……由于她们对学习的长期性、艰巨性缺乏应有的认识和思想准备,只想"速成",一旦遇到困难,便失去信心,打退堂鼓,最后哪一种技能也没学成。这种情况,与明代边贡《赠尚子》一诗里的描述非常相似:"少年学书复学剑,老大蹉跎双鬓白。"意思是说有的年轻人刚要坐下学习书本知识,又要去学习击剑,如此浮躁,时光匆匆溜掉,到头来只落得个白发苍苍。

还是俗语说得好,"罗马不是一天建成的。"太过于急躁,会使得我们离成功越来越远。但是在今天这个一直在提速的时代,渴望一天建成一个罗马的青年却越来越多。浮躁心理成了当前一些青少年的通病之一,表现为行动盲目,缺乏思考和计划,做事心神不定,缺乏恒心和毅力,见异思迁,急于求成,不能脚踏实地。

《郁离子》中有个故事说,郑国有个人住在边远的地区,三年学习做雨具,好不容易学成了,可天太旱,无雨,雨伞没有用,自然没人买。于是,他就放弃了做雨具,改学做汲水的工具,用了三年手艺又学成了,却逢天雨不断,汲水工具没什么用,只好又回去干做雨具的老本行。可是此时盗贼四起,人们都急需军服兵器,他又改行去做兵器,手艺学成,又失去时机。

可见,要想真正地有所作为,浮躁不可不戒。这里有一些方法可以帮助青少年戒掉浮躁的坏习惯:

(1) 学着知足常乐。比上不足,比下有余,从中获得自足、宁静。

(2) 自我暗示。自我暗示是控制情绪的一个简捷而实用的好方法。例

如，你可以这样暗示自己：无论面对怎样的处境，总会有一种最好的选择，我要用理智来控制自己，绝不让情绪来主导我的行动。只要我善于控制自己的情绪，我就是一个战无不胜、快乐的人。

（3）开拓当中要有务实精神，要实事求是，不自以为是，踏踏实实，做好每一件事情。考虑问题应从现实出发，不能跟着感觉走，命运应掌握在自己手里。道路就在脚下，切实做一个实在的人。

（4）多读一些书，找到自己浮躁的根源，如曾国藩的《养心经》，或者学习书法，让内心趋于平静。

（5）努力戒掉浮躁的坏毛病，尝试利用合理的时间来建造属于自己的精致罗马，相信，聪明的你一定能够做得更好。

果果的小心得

浮躁的人自我控制力差，容易发火，不但影响学习和事业，还影响人际关系和身心健康，其害处非常之大。轻浮、急躁，对什么事都深入不下去，只知其一，不究其二，往往会给学习、生活带来损失。不浮躁是要踏实、谦虚，戒躁是要求我们遇事沉着、冷静，多分析多思考，然后再行动，不要这山看着那山高，干什么都干不稳，最后毫无所获。我们要想真正有所作为，必须戒骄戒躁，让心安稳下来。

学会包容

我和媛媛有时笑言，如果花花和葱头不凑到一起的话就热闹不起来了，因为她们两个人特别喜欢唱反调，花花的论调在大多数时候和葱头是相反的，而葱头却可以很绅士、很高雅地讽刺她两句，想想也怪有趣的。在我们看来，她们两个人拌嘴就像是在说对口相声，配合得相当好。

虽然总是拌嘴，不过却不伤害我们的情谊。我们一样都是好朋友，要不然的话她们两个人吵了几百回，居然没有翻脸，还把我和媛媛逗乐了。

"嗯，人嘛，没有什么事情可值得认真的，笑一笑就过去了。"豪爽的葱头经常会说出这等"波澜壮阔"的话来。

"有时想想葱头还真不错呢，我想发泄一下脾气，找不到合适的人，只有葱头能帮得上我。"这可是花花的肺腑之言。

正是因为大家在一起彼此关心，彼此包容，我们的生活才会是如此丰富，充满欢笑。

妈妈对我说

果果，你的这几位朋友，妈妈都很喜欢。你说得没错，懂得包容的人都会活得愉快而充实。

有一个故事，城堡里住着一个富翁，他有三个儿子，当他知道自己不久将离开人世时，他便决定把自己的财产全部留给三个儿子中的一个。可是，到底要把财产留给哪一个儿子呢？富翁于是想出了一个办法：他给三个儿子每人一年的时间去游历世界，回来之后，看谁做了最高尚的事情，谁就是财产的继承者。

一年的时间飞快地过去了，三个儿子陆续回到家中，富翁要三个人分别讲讲自己的经历。大儿子得意地说："我在游历的路上，遇到了一个陌生人，他十分信任我，把一袋金币交给我保管，可是那个人却在几天后意外去世了，我就把那袋金币原封不动地交还给了他的家人。"二儿子自信地说："当我旅行到一个贫穷的村庄时，看到一个可怜的老人不幸掉到河里了，我立即跳下马，从河里把他救了上来，并留给他一些钱。"三儿子犹豫地说："我，我没有遇到两个哥哥碰到的那种事，在我旅行的时候遇到了一个人，他很想得到我身上的钱袋，于是一路上千方百计地害我，而我也确实差点死在他手上。可是有一天我经过悬崖边，突然看到那个人正在悬崖边的一棵树下睡觉，当时我只要抬一抬脚就可以把他踢到悬崖下，我想了想，觉得不能这么做。正打算走，我又担心他一翻身掉下悬崖，就叫醒了他，然后继续赶路了。跟两位哥哥的经历相比，这实在算不了什么有意义的事情。"富翁听完三个儿子的话，点了点头说道："诚实、见义勇为都是一个人应有的品质，称不上是高尚。有机会报仇却放弃，反而帮助自己的仇人脱离危险的宽容之心才是最高尚的。我的全部财产都是老三的了。"

在故事中，富翁认为宽容之心是最高尚的，这不无道理。安德鲁·马修斯说："一个脚跟踩扁了紫罗兰，而紫罗兰却把香味留在那脚跟上，这就是宽容。"

生活中，我们因为理解而宽容，因为宽容而舒适。正像人们常说的那样："宽容是人间最大的美德。"

人活一世，难免会出现这样那样的过错和失误。这个时候，一句宽慰和谅解的话，也许就能扫除心理的障碍，走出失败的阴影。相反，如果在别人最需要你谅解的时候你却恶语讥讽，那对对方而言无疑是雪上加霜。如果你处在对方的立场，当你需要别人的宽容时，你希望得到哪种结果？相信一定是前者。既然这样，那就学着多宽容人，多体谅人，这会让你拥有更宽广的心胸，也拥有更多的朋友。

因此，对于初涉人世的青春期女孩来说，不要过分纠结于身边朋友可能出现的错误或失误，试着用宽容的心态来看待，你会成长很多、成熟很多，同时也会收获更多的从容与快乐。

果果的小心得

宽容确实是一种高贵的品质、崇高的境界，是精神成熟、心灵丰盈的体现。有了这种品质、这种境界，人就会变得豁达，变得成熟。宽容是一种仁爱的光、无上的福分，是对别人的释怀，也是对自己的善待。有了这种光芒、这种福分，人就会远离仇恨，避免灾难。

温柔是一种武器

这天,大家一起骑车出去游玩。

"砰——"半路上,媛媛的车胎突然爆了,她看到桥的对面有家自行车修理店,但是看着近,却要绕过桥才能到达,大家只好停下来想办法。

"我们拦辆出租车,捎我们一路吧。"葱头出了个主意。

"好。"花花表示积极赞同,"我去拦车。"

不一会儿,一辆出租车停了下来。但是花花在价钱上和出租车司机产生了争执:"我们只是要去桥对面,所以您不可以多找我们要钱。"花花很强势地要求司机。

"我们都是打表计费,起步价就是十元钱。你觉得不合适,就不要乘出租车,自己走着去算了。"出租车司机不甘示弱。

花花气不打一处来:"哼!出租车司机有的是,偏偏要找你吗?一点都不会做生意。"

就在这时,媛媛及时上前解围,很客气地对司机说:"叔叔,我们只是要绕过桥去修理自行车,如果要收十元钱的话确实有点贵了。您看便宜一点好吗?"

司机看看她,顿时消气了:"好吧,你给五元钱,我把你拉过去算了。"

花花看到媛媛三言两语就把事情搞定了,觉得很惊诧:"媛媛,你真是人见人爱、花见花开、车见车爆胎啊。"

大家一笑,高高兴兴地去修理自行车了,然后我们继续前行。

> **妈妈对我说**

果果，你看，因为媛媛说话柔和，所以司机叔叔才愿意帮助她，对不对？

温柔是一种境界，是女孩别致的风情。

女人的温柔是民族遗风、文化修养、性格培养三者共同凝练所致。一个女人，善于在纷繁琐事忙忙碌碌中温柔，善于在轻松自由欢乐幸福中温柔，善于在柳暗花明时温柔，善于在负担和创造中温柔，更善于填补温柔、置换温柔，这些是走向"魅力女人"的不可轻视的艺术。

无论是一言一行、一颦一笑、一举足一抬头……温柔的手会时时光顾。于人，温柔能折射出一个女孩的兴趣情调、品质修养；于社会，温柔能折射出一个社会的时代风尚、文明程度。

不说容貌体肤，单就可爱女孩的气质而论，那温婉柔情，谁又能说得尽呢？

你尽可以潇洒、聪慧、干练、足智多谋，但有一点不能少，你必须温柔。女人存在的理由就是因为她具备男人所缺乏的温柔。

"温柔"这两个字很自然地和关心、同情、体贴、宽容、细语柔声联系在一起。温柔有一种无形的力量，能把一切愤怒、误解、仇恨、冤屈、报复融化掉。在温柔面前，那些吵闹吼叫、斤斤计较、强词夺理、得理不饶人，显得那么可笑可怜。

温柔是一场无风无雷的小雨，淋得你干枯的心灵舒展如春天的枝叶。

女人，最能打动人的就是温柔。温柔像一只纤纤细手，知冷知热，知轻知重。只这么一抚摸，受伤的灵魂就愈合了，昏睡的青春就醒来了，痛苦的呻吟就变成甜蜜幸福的鼾声了。

温柔是女人特有的武器，温柔有一种绵绵的诗意，女人把它缓缓地、轻轻地放射出来，飘到你的身旁，扩展、弥漫，将你围拢、包裹、熏醉，让你感受到一种放松、一种归属、一种美。所以，温柔，是属于女人的一种风情。

看一个女人善良不善良，就看她是不是温柔。人总是以善为本，可善良是看不见摸不着的，温柔不温柔是显而易见的。如果说善良是平静的湖泊，温柔就是从这湖上吹来的清风。

一个不温柔的女人根本谈不上善良，就算她有倾城倾国的美貌再加上一百条优点和一千种特长，也绝不是可爱的女人。

温柔是一块磁石，只要你进入它的磁场之内，你就不知不觉被它吸引，想躲也躲不开。

温柔里面包含着深刻的东西，不是生硬地表演出来的，而是生命本体的一种自然散发。只有生长于生命内部的这种本性，才经得起考验，历久不衰，一直相伴到生命的终结。

温柔不是娇滴滴、嗲声嗲气，这里有真假之分。娇滴滴、嗲声嗲气是假惺惺，是故作姿态；而温柔是真性情，是骨子里生长出来的本能的东西。

很多女孩在谈到温柔时，会这样说，都什么时代了，还谈什么温柔？

应当指出，女性在追求独立人格的同时，也不应放弃温柔的一面，何况温柔与追求独立人格并不矛盾。温柔是美德、是理解、是关怀，只有懂得温柔的女孩，才会给人如沐春风的感觉。

果果的小心得

温柔如风，可拂去心里的烦恼与忧愁；温柔似雨，可滋润心里的干渴与浮尘；温柔像虹，能映照自暴自弃之人重新扬帆驶向锦绣前程；温柔也似利剑，剽悍粗犷的人会在这利剑前垂下高傲的头颅。

自己的情绪自己做主

最近迷上了玩数独，每当闲暇的时候，我就会捧着一本厚厚的数独书来做些思维游戏。这种思维游戏很有难度，每做出一道题都要花很长的时间去想，而且最后想出来的结果也未必就是正确的，所以有的时候比较令人懊恼。但是即便如此，我仍然很喜欢玩这种游戏。

这一天，当我正陷入思索的时候，媛媛来找我玩。可能当时是因为我太过着迷，以至于媛媛喊我的名字，我竟然没有听见。媛媛可能觉得很纳闷吧，便顺手把我手里的数独书抢了过来，开玩笑地说道："让我看看果果在研究什么，这么入迷？"

书被媛媛这么一抢，我的思路完全被打断了，顿时气恼万分，我生气极了，朝着媛媛大喊："你怎么偏偏这个时候来呢，真讨厌！"

媛媛被我的异常举动吓了一跳，什么也不说了，闷闷不乐地回家了。

正在厨房里的妈妈听到了屋里的动静，过来问："果果，你怎么了？"

"刚才我正在思考题目，媛媛过来打断了我的思路。我就按捺不住，对她发脾气了，其实我也不是故意的，只是一下子控制不住自己了。"

"哎，果果。你能想象到媛媛心里有多难过吗？让妈妈给你先讲个故事吧。"

有一个男孩脾气特别坏，于是他的父亲就给了他一袋钉子，并且告诉他，每当他发脾气的时候就钉一根钉子在后院的围篱上。

第一天，这个男孩钉下了50根钉子，慢慢地，每天钉下的数量减少了。他发现控制自己的脾气要比钉下那些钉子来得容易些。

终于有一天这个男孩再也不会失去耐性乱发脾气,他变得平和多了。他告诉父亲这件事,父亲告诉他,现在开始每当他能控制自己的脾气时,就拔出一根钉子。

一天天过去了,最后男孩告诉父亲,他终于把所有钉子都拔出来了。

父亲握着他的手来到后院说:"你做得棒极了,我的好孩子。但是看看那些围篱上的洞,这些围篱将永远不能恢复成从前。你生气的时候说的话永远都收不回,就像这些钉子一样留下疤痕。假如你拿刀子捅别人一刀,不管你说了多少次对不起,那个伤口将永远存在。他或许会永远记恨,话语的伤痛就像真实的伤痛一样令人无法忍受。"

听了妈妈讲给我的那个故事,心里更觉得惭愧了:"乱发脾气确实是不好的。"

妈妈抚摸着我的头说:"果果,冲别人乱发脾气,只会伤害到别人,并且这些令人讨厌的话是收不回来的。"

"嗯,是我错了。"

妈妈见我已经承认了错误,微笑着对我说:"果果,你能认识到自己错了就已经很难得,我想你以后可以渐渐控制自己的情绪,对吗?以后记得要对人好一些,别让坏脾气像洪水一样一触即发。"

"嗯,妈妈,我明白了。现在我就去找媛媛。"我说完,欢快地朝媛媛家跑去。

妈妈对我说

炎炎夏日,老和尚正在给小和尚讲佛理。

老和尚说,心头火烧毁的往往是自己的心,所以要制怒。

"心静自然凉啊!"老和尚讲。

老和尚的佛理刚讲完,小和尚便虔诚地向老和尚请教:"师父,刚才你最后一句说了什么?"

"心静自然凉。"老和尚说。

"心静之后是什么?"

"自然凉。"

"什么自然凉?"

"心静。"

"哦,心静自然凉。"小和尚小声念道,忽又问,"师父,自然凉前面是什么?"

"是心静。"

"心静前面是什么?"

"心静前面已经没有了。"老和尚说。

"哦,心静后面是什么呢?"

"自然凉。"

"自然凉?那自然凉前面是什么呢?"小和尚不停地问。

"混账!你这哪里是讨教,分明是在胡闹!"老和尚气不打一处来,额头净是汗。

每个人都难免有不易控制自己情绪的时候,只是有的人成功地给自己的情绪上了把锁,有的人沦为情绪的奴隶,于是喜怒无常。

应该怎样控制自己的情绪呢?

你也许会因为朋友不守信而生气,你可能因为解题不顺利而烦恼不已,这时你应该尽力抹掉这些盘旋在头脑中的令人讨厌的、不健康的情绪。在每一个清晨,告诉自己今天是一个全新的自己。迅速地抛开所有不快的记忆。

如果你觉得沮丧、气馁或绝望,一定不要计较,不妨痛快淋漓地洗个澡,然后一个人静静地思索、顿悟。请记住:此时,你必须忽略一切令你沮丧的想法和念头,还有一切困扰你的东西。不要让自己纠缠于每一件令人不快的事,不要继续纠缠于过去所犯的错误和令人不快的往昔。你要做的是全副武装地对抗这些情绪,将它们驱逐出去。相信几次之后,你便能和他们告别,让你的心灵沐浴阳光。

转移注意力,也是抚平烦躁、根治不安情绪的一剂良药。当你觉得不快时,试着将你的注意力转移到与这种情绪完全相反的地方上,并树立快乐、自信、感激和善待他人的理念。这样，你就会惊奇地发现，那些困扰你许久的情绪在转眼之间便无影无踪了。

如果你感到疲惫不堪，感到沮丧、郁闷时，你不妨试着去分析原因，你也许会发现，之所以出现这样的情况，主要是因为精力不支，而精力不支的原因或者是由于暴饮暴食，在某种程度上违背了消化规律的缘故，或者是由于某种不合常规的习惯在作祟。

你还应该尽可能地融入到社会环境中去，多多参与一些娱乐或体育活动。有的人通过听音乐消除了疲惫、沮丧的情绪；有的人则在剧院里，在愉快的谈话中，或者在阅读使人愉快、催人奋进的书籍时，使自己从疲惫、沮丧中恢复过来。

时刻准备着给自己的情绪上把锁吧！千万不要让那些不悦的情绪像心上的暗影紧紧追随着你！

果果的小心得

情绪是一个人内心深处的一种思想情感，每个人都是自己情绪的主人，但有时会受各种因素的影响，情绪往往变得无法控制，如果我们能够驾驭自己的情绪，人生一定会更加精彩。

寻找持久的美丽

吃过晚饭，我和妈妈聊起了今天家长会上的情况。我问妈妈道："今天来了那么多家长，哪位家长给你的印象最深刻呢？"

妈妈想了一会儿说："坐在第三排靠左边墙的那位。"我想了一下："噢，您说的是方小晴的妈妈呀？她是一位单亲妈妈，家里的情况可惨了。小晴的爸爸前年出车祸去世了，留下他们母女俩，生活得很拮据。小晴还是我们班的贫困生呢！"

妈妈很惊讶地说："是吗？这个我不知道。但是小晴的妈妈给人感觉很积极，特别是在家长会上的发言让我很佩服。她家的生活是那样的拮据，还让小晴上舞蹈学校，真的很难得啊！妈妈还得向她学习啊！"

看到妈妈可爱的样子我笑了："您是最好的妈妈，不需要跟她学习。"

妈妈说道："你忘记了吗？上次记者采访马云时的那句话你还记得吗？"

"记得啊，当然记得了。时刻要向站在你身边的人学习。"我明白了妈妈的意思。

"对啊，我们要学习小晴妈妈的这种精神气质。咱们在物质上比她们富有，但是缺乏她们的那种精神气质啊！也许艰难的生活使她无法给自己买漂亮的衣服，使她无法好好打扮自己，可是看上去依然很美，让人心生欢喜。"

我说："嗯，我也很喜欢小晴，她的衣服普普通通，吃的用的都很俭省，可是每天仍旧是高高兴兴的，我们都特别喜欢她。"

"是啊，所以我们要珍惜现在的生活。虽然她们生活在一种物质贫乏的状态中，但是能给你一种积极向上的精神气质，是很难得的。一般来讲，贫困和潦倒往往是在一起的，但是当在贫穷中的人被一种积极的精神左右着，那么即使再贫困，也不会是一个潦倒的人。"

"怪不得你们在离开学校的时候，那么多的家长在谈论小晴的母亲呢，原来大家都很喜欢她，都被她的这种精神所吸引了呀！"

妈妈对我说

女孩选择美貌还是智慧？这个问题很多人都在问，却没有满意的答案。"外表美不重要，只要内在美。"这句话是经久不衰的真理，因为一个女孩如果她的内心真的很善良，很完美，那么她会随着心态的平和和宁静而日益变得美丽的。当今社会，美女的含义也不仅仅局限于外貌。

社会上有几种关于美丽与智慧的观点，果果你来判断一下。

美丽观点一：美女可以通过后天努力培养智慧。美女就算智慧不高也没有问题啊，正常就好了，美女在这个社会上毕竟有太多的优势。智慧是后天的，可以慢慢培养。相反，一个有智慧的丑女却很难成为让人赏心悦目的美女。

美丽观点二：美丽是人生的敲门砖。女孩子有了美貌，就如船儿张开了帆，很多事情上都会一帆风顺，万事皆通。

智慧观点一：智慧女子在工作上能力更强。美女虽然在求职中更有优势，但一旦进入工作状态，美女不及相貌平平的女子那样专注工作。相比之下，美女更容易受到外界的干扰，比如讲究穿着打扮什么的，因此业绩上通常不如相貌平平的女子出色。

智慧观点二：智慧是花钱买不到的。因为一个人的美貌是可以改变的，现在科技那么发达，只要花钱随便一整容就可以了。而智慧是你花钱买不到的，是人的一种内在美，表现着这个人的内在品质。

智慧观点三：智慧是一生的财富。美女再美，也总有人老珠黄、鲜花凋谢的时候。而有智慧的才女则不然，相由心生，腹有诗书气自华。人不是因为美丽而可爱，而是因为可爱而美丽，智慧是可以伴随一辈子的财富。

果果，我相信在你的心中肯定已经有了答案，因为美丽与智慧常常是并肩的，聪明的女孩一定会让自己变得越来越漂亮。

果果的小心得

一个人有美丽的外表固然很好，但是这种美并不是永恒的。拥有智慧才能寻找到持久的美丽，才是一生的财富。希望自己也能做一个美丽与智慧并肩的女孩，只有二者完美结合，才是持久永恒的美。

我是颜色不一样的烟火

爬山之美，美在不走寻常路。

每次当我和爸爸妈妈一起爬山的时候，我们都习惯于走铺好的石板路，从来没有想到过爬山还有别的路可以走。

不过，这一思维惯性到了葱头那里得到了彻底的颠覆：爬山，我从来不走石板路，只走土路。葱头的老家有很多山，她从小就是爬山长大的。

这一天，我和葱头相约去爬山，葱头跟我说："果果，今天咱俩爬坡，怎么样？"

啊！我可不敢，如果摔下来怎么办？还是走台阶比较稳当。我不答应，连连摇头。

"不用害怕，我在你后面，保证你不会出事的。你爬一次就知道了，走台阶其实很累的。"葱头一个劲地鼓动我。

既然如此，只好尝试一下，反正有葱头帮我，也不用太害怕，只要紧紧跟着她就好。就这样，我们上路了。葱头带着我走到别人都不会去的地方，看了很多别人看不到的风景，我感到很兴奋。

"果果，你看，那边有个人背着一个袋子，估计是在摘果子吃啦。"葱头根据经验判断，"我看看去，如果是的话我摘过来几个你也尝尝。"说完就一溜烟地跑下去了。

我一个人站在那里等她，看到周围的树木和远处道路上熙熙攘攘的人群，突然觉得走一条别人都不曾走过的小路感觉居然这么好。不一会儿葱头上来了，原来那个人在摘花种子，她也摘了一些，我们可以拿回去种啦。

这一天玩得很开心，因为我找到了一个和以往不一样的玩法，真的是别有滋味。

妈妈对我说

不走寻常路，多一些独辟蹊径的勇敢和智慧，你会做得更好，离成功更近。

人们惯于模仿，既出于一种惰性，更出于对先贤圣哲的追捧。但是对好的东西的模仿很容易堕落成一种媚俗，失去自我，而且在先贤们和周围人的压力下，大概没有人敢喊出自己的声音。

莎士比亚曾经说过："你是独一无二的。"一个人只懂得模仿他人，最终的结果只有一个——失去个性。而个性是人之为人的最基本因素，没有个性便没有独立的人格，没有深邃的思想，更没有创造力。

洛克菲勒有句名言："如果你想成功，你应辟出新路，而不要沿着过去成功的老路走……即使你们把我身上的衣服剥得精光，一个子儿也不剩，然后把我扔在撒哈拉沙漠的中心地带，但只要有两个条件——给我一点儿时间，并且让一支商队从我身边经过，要不了多久，我还会成为一个新的亿万富翁。"

创新作为一种最灵动的精神活动，最忌讳的就是呆板和教条，任何形式的清规戒律，都会束缚其手脚，使其无法大展所长，只有敢于挑战传统、打破常规之人，才能真正有所作为，才能敞开胸怀拥抱成功。

毫无疑问，你们是最具有创新精神的群体，是具有保守思想最少的群体，是最勇于开拓进取的群体，是最勇于打破常规的群体，是创新思维最为活跃、精力最充沛、最好动脑筋、创造欲最旺盛的群体。

李大钊曾说："青年之字典，无'困难'之字；青年之口头，无'障碍'之语。青少年，一言以蔽之——敢为天下先！"所以，这是一个属于你们的时代，而要占领这个时代的首要条件，就是张扬自我个性，用"离经叛道"去打破所有过于迷信的经验、传统、权威和规则！

要想成功，就必须走出自己的路来，不要老跟在别人屁股后面。大多数成

功的人都是有个性的,他们都是根据自己的个性去思考自己的未来,去设计成功的路线和方法。

创新之路犹如春草,是置之死地而后生的产物,会带来阵痛,也会有牺牲。但是,只要我们学会冷静地思考,用"天下之事,因循则无一事可为,愤然为之,亦未必难"来启迪自己,用"智者不袭常"来引导自己,那么,我们所看到的就会是另一番全新景象。

果果的小心得

当我们面对学习和生活中一些比较简单的问题时,传统与规则确实能起到提高工作效率的作用,但是,在一些较为复杂的问题上,传统与规则不但不能使问题得到圆满解决,而且还很容易让我们自设陷阱、自设障碍,从而误入死胡同,迷迷糊糊转不过弯来,以致常常做出一些糊涂事来。这时候,一定要把我们的个性展现出来,我就是我,是颜色不一样的烟火!

擦亮我的气质招牌

我身边的这些朋友,不同的人有不同的气质,每个人都有自己的气质特性和招牌动作。

葱头:

招牌气质:大大咧咧的粗线条

招牌口碑:"什么事情不必太计较,笑一笑就过去了。"

招牌行动:过火地热情助人

花花：

招牌气质：自恋+臭美

招牌口碑："哎呀！你这样做我不满意。"

招牌行动：在一切事物中挑挑拣拣

媛媛：

招牌气质：善解人意的活泼女孩

招牌口碑："大家好才是真的好。"

招牌行动：不会干扰别人

这就是我的朋友，她们每个人都有不同的气质名片。我想我也有独特的一面，因为我不和她们任何一个人相同。至于我的招牌是什么，叫别人去评判吧。不过我相信，女孩有一个好的招牌，一定会受到很多人的爱戴和青睐。

妈妈对我说

女孩的美丽，已经被人们无数次地讴歌和赞美，文人骚客为此差不多穷尽了天下的华章。其实，在美丽面前，诗歌、辞章、音乐都是无力的。无论多么优秀的诗人和歌者，最后都会发出奈美若何的叹息！美丽的女孩人见人爱，但真正令人心仪的永恒美丽，往往是具有磁石般魅力的女孩。那么，什么样的女孩才具有魅力呢？三个字：气质美。

气质是女孩征服世界的利器，就如同一座山上有了水就立刻显现出灵气一样。一个女孩只要插上了气质的翅膀，就会立刻神采飞扬、明眸顾盼、楚楚动人起来。

著名化妆品牌羽西的创始人靳羽西说过："气质与修养不是名人的专利，它是属于每一个人的。气质与修养也不是和金钱权势联系在一起，无论你是何种职业、任何年龄，哪怕你是这个社会中最普通的一员，你也可以有你独特的气质与修养。"

那么，现代的女性应具备哪些气质呢？

1. **人格之美**

女性气质的魅力是从人格深层散发出来的美，自尊、自爱、端庄、贤淑、善解人意、富于同情心等都是美好的人格特征。相反，轻浮、自私、唧唧喳喳和鼠肚鸡肠的女人，即使长得再漂亮也只是过眼云烟。

2. **温柔的力量**

说到温柔，人们自然会想到圣母的画像，想起在极其柔和的背景中圣母玛丽亚温柔而圣洁的微笑。这微笑向人们展示了她的善良、无邪、温柔和博爱，她巨大的艺术魅力亘古不衰。男人们最喜欢的大概不是女人的外貌，而是女人的温柔之美。

3. **腹有诗书气自华**

读书和思考可以增加一个人的魅力。知识和修养可以令人耳聪目明，也会给一个女孩增添不凡的气质。学识和智慧是气质美的重要支柱。

4. **可贵的坚韧**

温柔并不是主张女孩子一味地顺从、依赖、撒娇，女性也要有个性、有主见、有行为的自由。这种独立性是一种情感中的柔韧和追求中的坚定，是一种意志上的自持和克制力，是一种既不流于世俗又深深地蕴含着理性的行为。那些见异思迁、毫无主张、遇到挫折便哭哭啼啼的女孩，即使长得再漂亮也不会有人喜欢的。相反，对美的事物毫不动摇，坚持不懈追求的精神，完全可以使丑姑娘变得美丽。

在现实生活当中，所有的男人和女孩都喜欢与这样的女孩相处，因为这种女孩使你既有眼球上的好感，还有一种吸引人的特别力量，能不断地感染你，使你羡慕，让你追随。

气质是一种灵性，一个女性如果只靠化妆品来维持，生命必定是苍白的。

气质是一种智慧，一点点地雕琢着一个人，塑造着一个人，一个不经意的动作，就能吸引所有人的目光。

气质是一种个性，蕴藏在差异之中，只有不断创新，才能拥有与众不同的韵味，成为一个让人一见难忘的人。

气质是一种修养，在城市流动的喧嚣中，洗练一种超凡脱俗的"宁"与

"静",面对人间沧桑,才会嫣然一笑。

女孩的气质首先是先天的或者说是与生俱来的,其次,后天长期的潜心修养也很重要。而刻意模仿、临时突击则是难以从根本上改变气质的,弄不好"画虎不成反类犬",成为效颦的东施,反而不美。

好气质就像一抹梦中的花影,像一缕生命的暗香,渗透进女孩的骨髓与生命之中,让她们能够在面对岁月的无情流逝时,仍然能够拥有一份灵秀和聪慧,一份从容和淡泊。

果果的小心得

对女孩而言,气质是一种永恒的诱惑,因为气质不仅仅靠外貌就能获得,而且还要拥有丰富的智慧与常识,拥有做人的气度与素质。真正高贵脱俗、优雅绝伦的气质,需要的是全方位的修养和岁月的沉淀。

第十章

言事轻轻，而情谊满满
——给细心周到的你

微笑，时刻准备的"见面礼"

我很想拒绝

言谈中展现我的美丽

给人赞美，给人认同

我有我的社交圈

大家都夸我"人缘好"

人脉，要的就是宽度

自制力——交往中的保险锁

微笑，时刻准备的"见面礼"

和妈妈谈话，我的脑瓜里突然冒出来一个问题："我们上美术课，老师说蒙娜丽莎的微笑流传了几百年，征服了很多人，她的微笑很美。老师还说，我们也应该经常微笑，微笑是世界上最美的语言，真的是这样吗？"

妈妈看着我，微笑着说："的确如此，你想想，你是喜欢一个整天微笑的伙伴呢，还是喜欢一个整天愁眉不展、从来都不笑的伙伴呢？"

"当然是整天微笑的伙伴了。"我不假思索地回答。

"对啊。"妈妈按照我的思路延续下去，"别人和你一样，也会这么想。只有经常微笑的人才会吸引更多的人喜欢他。"接下来，妈妈给我讲了一个故事：

从前有一个小女孩，天生容貌丑陋，她有着严重的自卑情结，别人很少能够从她脸上见到笑容，她也没有什么朋友。幸福女神决定帮助这个小女孩，使她不再孤独。

幸福女神带小女孩去参观两座玫瑰园。当她们走进第一座玫瑰园时，里面阳光明媚，鸟语花香，随处可以听到爽朗的笑声。在里面遇到的每一个人，都会热情地跟她们招呼，并且送给她们一个真诚的微笑。之后，幸福女神就问小女孩道："你喜欢这里吗？"

小女孩点了点头说："喜欢。这里的人非常热情亲切。"

随后，幸福女神又带小女孩走进了第二座玫瑰园。那里面死气沉沉的，天空阴郁，地上长满了杂草，玫瑰花也开得无精打采，她们见到的每一个人，都面带忧郁，没有一个人主动跟她们打招呼。

从第二座玫瑰园里出来之后，幸福女神又问小女孩道："现在你把这两座玫瑰园比较一下，你愿意生活在哪一座玫瑰园里呢？"

小女孩毫不犹豫地回答道："当然是在第一座玫瑰园里了，因为他们每个人的脸上都有着灿烂的笑容。"

幸福女神抚摸着小女孩的头说："是啊，当你笑的时候，也就拥有了一座健康的玫瑰园。同时，你也就把自己的幸福分享给了身边每一个人，他们也会被你引入第一座玫瑰园。"

小女孩恍然大悟。她开始经常微笑地面对他人和生活。从此，她变成了一个人见人爱的小女孩。

听了妈妈讲过的这个故事，我决定要练习微笑，我一会儿抿着嘴，嘴角上扬，稍有笑意，一会儿露出几颗牙齿，眼睛眯成月牙状。妈妈看到我的各种鬼脸造型，忍俊不禁。

"果果，其实你根本没有必要刻意练习微笑的表情，只有发自内心的微笑才能准确无误地表达你的友好，缩短你和朋友的距离，使你具有无人可敌的魔力。微笑是一种智慧的体现，善于恰如其分地展现自己微笑的人，绝对是一个聪慧而有修养的人。"

妈妈对我说

微笑无声，却传达着"我喜欢你""我表示欣赏、赞同""你很受欢迎"等丰富的含义。微笑，是为人处世中最有价值、最富有吸引力的面部表情。行走在不同民族不同地域，也许肤色不同语言不同，但是，只要微笑，一定能够打开一扇沟通的大门。

微笑能给对方良好的第一印象；微笑可以表示对他人的尊重和友好；微笑能打破僵局，解除人的心理戒备；微笑能表示对他人的赞许、理解、谅解等态度。

不要小看微笑的力量，它能够让人以令人舒服的方式收获成功。

一天，美国旅馆大王希尔顿在新旅馆营业员工大会上问大家："现在我们

旅馆新添了第一流的设备，你们觉得还应该配上哪些第一流的东西，才能使顾客更喜欢希尔顿旅馆呢？"员工们纷纷提出自己的意见，但希尔顿并不满意，他说："你们想想，如果旅馆只有第一流的设备，而没有第一流服务员的微笑，顾客会认为我们提供了他们最喜欢的全部东西吗？如果缺少服务员美好的微笑，能使我们的上帝有回家的感觉吗？"

稍停片刻，希尔顿又接着说："我宁愿走进一家设备简陋而到处充满服务员微笑的旅馆，也不愿去一家装饰富丽堂皇但不见微笑的旅馆。"

正是这微笑，让希尔顿旅馆赢得了不少顾客，给希尔顿带来了信誉和成功。的确，微笑是人际沟通的通行证。微笑能给人以温暖，令人愉悦和舒畅。

有人把微笑称为一种有效的"交际世界语"，这是十分恰当的。正如罗杰·E.艾克斯泰尔所指出的："有一个世界通用的动作，一种表示，一种交流形式，它存在于所有的文化与国家中，人们不分国别、不分种族地使用它，并理解它的含义。它可以帮助你与各种关系的人交往，不论是业务伙伴，还是朋友，它是人们交流中唯一最有用的形式。那就是微笑。"

与人初次见面，面露微笑，就好像具有一种磁力，使人顿生好感；见到老朋友，点头微笑，打个招呼，会使人感到你不忘旧情，是个重情义的人；服务人员自然地面露微笑，则会给人一种宾至如归的感觉。一家百货公司的经理曾说过，在录用女店员时，小学未毕业却能经常微笑的女子，比大学毕业而满脸冰霜的女子机会大得多。

要提醒你的是，在微笑时，要发自内心、发自肺腑，无任何做作之态，防止虚伪地笑。只有笑得真诚，才显得亲切自然，与你交往的人才能感到轻松愉快。切不可"皮笑肉不笑"或笑过了头，给人傻乎乎之感。

果果的小心得

微笑，可以化解人际交往过程中可能存在的一块块坚冰，并能够使自己的亲和力增值不少。既然这样，那就微笑吧，因为太阳每天都是新的！

我很想拒绝

"果果，帮我个忙，可以？"葱头难得这样"哀求"我。

"啥事，别客气，说吧。"面对葱头的求援，我显得很大方。

"我今天不想去上课了，你能不能帮我请个假？"葱头说道，"我想去一个僻静的花园里背我喜欢的散文，今天上午的课没有意思，不想去了。你就跟老师说我病了，行不？"

这个葱头，让我帮她说谎。怎么可以答应呢？我显出了犹豫的神色。

"果果你放心，出事我兜着，你按照我说的来，老师不会怀疑的。"葱头一脸的恳切让我无法拒绝。

"算了，我舍命陪君子。"我无奈地答应了葱头。

到了学校，我找到了班主任老师："葱头今天请病假，不能来学校上课了。"

可是谁也没有想到班主任老师居然给葱头的家长打了个电话，捎带着跟葱头的家长聊一下葱头的近况，结果纸包不住火，终于露馅了。

"果果，葱头根本就没在家啊，她现在也不在学校，那她现在在哪里？"老师过来拿我质问。

我……怎么说呢？真是让我犯难。于是，我只好说："是早上葱头这么让我转达的，其他的我也不知道。"

葱头啊，你可把我害苦了。我也是，原本就不想答应她的，为什么不好意思拒绝呢？

唉！

妈妈对我说

说"不"固然代表"拒绝",但也代表"选择",一个人只有通过不断的选择,才能形成自我,界定自己。因此,当你说"不"的时候,就等于说"是",你"是"一个不想成为什么样子的人。勇敢说"不",这并不一定会给你带来麻烦,反而是替你减轻压力。如果你想活得自在一点,有原则一点,就请勇敢地站出来说"不"。记住,你不必为拒绝不正确的事情而内疚,因为那是你的权利,也是你走向成熟必上的一课。

尤其是女孩子,容易对别人因过分的迁就而丧失自我,这就需要我们学会选择和拒绝。

在工作中,我们应该懂得如何委婉地拒绝别人,委婉地说"不",这样才能有更多的时间和精力去处理自己有能力处理的事情。委婉地说"不",你既不会让自己为难,也能够给别人多一个机会去寻找更适合帮忙的人。答应下来吧,可能要连续加几个晚上的班才能完成,而且这也不符合公司的规定;拒绝吧,面子上实在抹不开,毕竟是多年的同事了。应该怎么找一个既不会得罪同事、又能把这项工作顺利推出去的理由呢?

其实当你的同事向你提出要求时,他们心中通常也会有某些困扰或担忧,担心你会不会马上拒绝,担心你会不会给他脸色看。因此,在你决定拒绝之前,首先要注意倾听他的诉说,比较好的办法是:请对方把处境与需要讲得更清楚一些,自己才知道如何帮助他。接着向他表示你了解他的难处,若是你易地而处,也一定会如此。"倾听"能让对方先有被尊重的感觉,在你婉转地表明自己拒绝的立场时,能避免伤害他的感受,或避免让人觉得你在应付。"倾听"的另一个好处是,你虽然拒绝他,却可以针对他的情况,建议他如何取得适当的支援。若是能提出有效的建议或替代方案,对方一样会感激你。甚至在你的指引下找到更适当的支援,反而事半功倍。

有时候拒绝是一个漫长的过程,对方会不定时提出同样的要求。若能化被动为主动关怀对方,并让对方了解自己的苦衷与立场,就可以减少拒绝的尴尬与影响。当双方的情况都改善了,就有可能满足对方的要求。总之,只要你是真心地说"不",对方一定会体谅你的苦衷。

要学会说"不",在繁复的俗事中将自己解脱出来,从而将精力、时间集中到真正对自己有意义的事情上,与此同时,不仅仅要学会拒绝别人的索求,更要学会拒绝别人的给予。

身处逆境时,旁人出于同情,出于怜悯,出于种种理由,会伸手搀扶你一把。你不要把这种搀扶当作一种依靠,一种幸运。你要学会拒绝,为自己舔舐伤口。人生的道路很漫长,坎坷之途谁都有。人,最终还是要靠自己站起来,越过这个坎,磨难将是你的一笔财富。

果果的小心得

学会拒绝是一种自卫、自尊;学会拒绝是一种沉稳的表现;学会拒绝是一种意志和信心的体现;学会拒绝是一种豁达,一种明智。学会拒绝,才能活得真真实实、明明白白,才能活出一个真正的自己。

言谈中展现我的美丽

"果果,昨天我们去动物园了,你没有去,真可惜啊。"葱头在学校里看到我,便滔滔不绝地讲了起来:"你知道那天多有趣吗?"没等我反应过来,她继续说:"你肯定想象不到,特别好玩。刚好有企鹅巡展,你没有看到。你知道企鹅走路是什么样子吗?我给你学一学吧。"葱头一边说一边自己摆起姿势来,我坐在那里无动于衷,而她自己把自己却逗笑了。

"唉,真是烦死了。"要知道我当时正对着一道解析几何题苦思冥想,这个葱头却跑过来打乱我的思路。

"葱头,帮我看道题吧。我已经想了半天了,都不会做。"我想葱头一定会有办法。

"果果，咱们待会儿再说题目的事情，我还是先给你讲企鹅吧，你知道企鹅吃什么东西吗？我们买了袋鱼专门喂企鹅，它们吃东西的样子……"

葱头自顾自地在那里说个没完，我的心里越发恼火，越来越烦。这个家伙，我现在哪有心思听你讲企鹅呀！我只好坐在那里一言不发，想耐心地听葱头讲完之后再请她给我讲题目。

好容易等葱头讲完了企鹅，我心里想这下她应该没有话说了吧，谁知她话锋一转："果果，从动物园出来，我们还有一个大的发现——找到了一家便宜又好吃的饭馆，菜量还很大。下次我带你过去吧。我们中午走到那里之后都是又累又饿又渴，在那里大吃了一顿。我看那里的菜价真便宜，你猜不到，一大碗牛肉拉面才4元钱，味道还很鲜美……"

天啊！葱头有点亢奋，一直说啊说。眼看着半个小时过去了，她还在那里不停地说说说，我只好一个人装深沉……

忍不了，想扬长而去……算了，还是忍了吧。

妈妈对我说

每个人的内心都有一种要表达自己的欲望，于是，你很希望别人能够听你说，但是，你惊讶地发现，似乎别人并不愿意听，问题出在哪里呢？

你应该知道，不仅你愿意表达，别人也同样如此，但倘若自始至终都是你自己在口若悬河，别人会有怎样的心理反应？换个角度来思考，如果对方一直说个不休，你会怎样想，而如果对方一直耐心地听你讲，你是否有一种被尊重的感觉？你是否会觉得内心很舒畅？

所以，想让别人听你说，就必须要先学会倾听，这样你不但可以了解对方的想法，在一定程度上还可以让你掌握主动权，让你的说服更具感染力。

乌托从商店买了一套衣服，很快他就失望了，因为衣服掉色，把他的衬衣领子染上了色。他拿着这件衣服来到商店，找到卖这件衣服的售货员，想说说事情的经过，可没做到。售货员总是打断他的话。

售货员声明说:"我们卖了几千套这样的衣服,您是第一个找上门来抱怨衣服质量不好的人。"他的语气似乎表明:"您在撒谎,您想诬赖我们。等我给您点厉害看看。"

吵得正凶的时候,第二个售货员走了过来,说:"所有深色礼服开始穿时都会褪色,一点办法都没有。特别是这种价钱的衣服,这种衣服是染过的。"

乌托先生叙述这件事时强调说:"我气得差点跳起来,第一个售货员怀疑我是否诚实,第二个售货员说我买的是二等品。我快气死了。我准备对他们说:你们把这件衣服收下,随便扔到什么地方,见鬼去吧!"正在这时,这个部门的负责人克拉出来了,他及时制止了这场无休止的争吵。

首先,克拉一句话没说,而是耐心地听乌托把话讲完;其次,当乌托把话讲完,那两个售货员又开始陈述他们的观点时,克拉开始反驳他们,帮乌托说话,他不仅指出了乌托的领子确实是因为衣服褪色而弄脏的,而且强调说商店不应当出售使顾客不满意的商品。后来,他承认他不知道这套衣服为什么出毛病,并且直接对乌托说:"您想怎么处理?我一定按照您说的办。"

9分钟前乌托还准备把这件可恶的衣服扔给他们,可现在乌托回答说:"我想听听您的意见。我想知道,这套衣服以后会不会再染脏领子?能否想点什么办法?"克拉建议乌托再穿一星期。"如果还不能使您满意,您把它拿来,我们想办法解决。请原谅,给您添了这些麻烦。"他说。

乌托满意地离开了商店。7天后,衣服不再掉色了,乌托完全相信这家商店了。

堀场雅夫告诉我们:"许多人没能给人留下好印象是由于他们不善于注意听对方讲话。他们如此津津有味地讲着,完全不听别人对他讲些什么。"

事实证明,许多知名人士都是重视注意倾听的人,而不是只管说的人。

所以,适当地关闭"嘴巴"这扇门,适当地竖起耳朵听一听吧,这对你将大有益处。

> **果果的小心得**
>
> 看来以后我不能只顾着自己说了，一定也要给其他人表达的机会。只有学会聆听，才能更好地表达自己。耳朵和嘴巴同样重要！

给人赞美，给人认同

"绿树阴浓夏日长，楼台倒影入池塘；水晶帘动微风起，满架蔷薇一院香。"眼下正值盛夏的午后，楼下小区花园里的景色便如同诗中的境界。粗粗的柳树投下斑驳的影子，池塘里的鱼活蹦乱跳，满墙的蔷薇争先恐后地开着，处处弥漫着沁人心脾的花香，整个花园一派生机勃勃的气象。

我和几个小伙伴正在楼下嬉戏玩耍，闲聊着别的同学的事情，期间也少不了造谣：卡卡喜欢上了阿蒙，他们在一起牵手逛街呢；悠悠是个小偷，偷了很多同学的东西；露露不是亲生的，她的爸爸妈妈从来都不管她；洋洋的爸爸是坐轮椅的……

这时，妈妈听到了我们的谈论，她摇了摇头。过来对我说："果果，跟我上楼来吧。"我感到事情不妙，只好乖乖地跟了上来。

回到家之后，妈妈并没有和我讲大道理，而是先讲了个故事给我听：

清朝的时候，清河县有一位非常睿智的老人，无论是富人还是穷人都非常爱戴他，都追随他，喜欢他，这一切都是因为他的善解人意。

有一次，一个年轻女孩来到他面前倾诉自己的苦恼。他明白了这个孩子的缺点，其实她心地倒不坏，只是她常常说三道四，喜欢说些别人的闲话。这些闲话传出去后就会给别人造成许多伤害。

老人说："你不应该谈论他人的缺点，你明知这样做不好，可就是控制不了。我知道你也为此苦恼，现在我命令你做一件事情。你到市场上买一只母鸡，走出城镇后，沿路拔下鸡毛并四处散布。你要一刻不停地拔，直到拔完为止。你做完之后就回到这里告诉我。"

女孩觉得这是一件非常奇怪的事情，但为了消除自己的烦恼，她没有任何异议。她买了鸡，走出城镇，并遵照老人的吩咐一路不停地拔下鸡毛。然后她回去找老人，告诉他自己按照他说的做了。老人说："你已完成了这件事情的第一部分，现在要进行第二部分。你必须回到你来的路上，捡起所有的鸡毛。"

女孩为难地说："很难做到吧？风已经把它们吹得到处都是了。也许我可以捡回一些，但是我不可能捡回所有的鸡毛。"

"没错，我的孩子。你脱口而出的愚蠢话语就如同这些鸡毛，一旦拔下，就很难收回。你给别人所造的谣言，在你想收回的时候能收回来吗？"女孩说："不能。"

"那么，当你想说别人的闲话时，请闭上你的嘴，不要让这些鸡毛散落路旁。"老人语重心长地对她说。

听妈妈讲了这个故事之后，我明白了妈妈的意图："妈妈，我以后不会再随便背后议论别人了。"

妈妈对我说："果果，其实说一些闲话去恶语中伤别人，这对于自身是没有什么好处的，只会使自己失去越来越多的朋友，让越来越多的人讨厌你。作为一个有修养的孩子，这样做是不恰当的，倒不如多去赞美别人。谁都喜欢被别人赞美，哪怕你一句简单的赞语，都会使别人感到无比温馨。而赞美者在鼓励别人的同时，也会改善自己与周围的关系，丰富自己的生存智慧，使得自己更有涵养。"

妈妈对我说

果果，当你得到父母、老师、朋友的一句赞美或表扬时，心里一定非常舒适、欣慰，浑身似乎积聚了许多力量吧！

有人说："良言一句三冬暖，恶语伤人六月寒。"我们要学会适时地给他人一句赞美，因为赞美的力量是无穷的。

台湾作家林清玄青年时做过记者，曾写过一个小偷作案手法非常细腻，犯案上千起，却第一次被捉到的特稿。他在文章的最后，情不自禁地感叹："像心思如此缜密，手法那么灵巧，风格这样独特的小偷，做任何一行都会有成就的！"林清玄不曾想到，他20年前无心写下的这几句话，竟影响了这个小偷的一生。如今，当年的小偷已经是台湾几家羊肉炉的大老板了！在一次邂逅中，这位老板诚挚地对林清玄说："林先生写的那篇特稿，打破了我生活的盲点，使我想，为什么除了做小偷，我没有想过做正当事？"从此，他脱胎换骨，重新做人。回头想想，如果没有林清玄当年对小偷的一句赞美，恐怕也不会有青年今天的事业与成就。

赞美别人是一种境界、一种涵养、一种素质；赞美别人是对别人的一种肯定、一种理解、一种尊重；赞美别人，既是一种给予、一种馨香，又是一种沟通、一种祝福。赞美又是对他人的认同，是对他人成绩的肯定和称赞，容易引起彼此的共鸣。

经常真诚地称赞他人的人，也一定能经常得到他人的称赞。如果你想成为一个受欢迎的人，那就不要吝啬自己的称赞，带上自己的真心，收获对方的真诚。

果果的小心得

赞美别人并不费力，只要几秒钟，便能满足别人内心的强烈需求。每个人都喜欢听赞美的话，被赞美时，心情会自然地轻松起来。但是我们也要注意方法，如果说得好，会有利于双方的下一步交流；如果说得不好，则会适得其反。所以一定要发自内心的赞美他人，用我的真诚收获他人的真心。

我有我的社交圈

媛媛和花花都是我的好朋友，但是她们两个人的性格确实截然不同。

媛媛看上去非常的阳光灿烂，脸上的笑容总是如升起的太阳一般有朝气。而且只要是有她在的地方，总能给大家带来快乐。她特别喜欢笑，即使是生病或是受伤了，她也很少哭鼻子。她还是一个很热心的女孩，乐于帮助别人解决问题。

而花花是一个说话有时会很尖刻的小女生，有的同学会对她退避三舍。

最近花花不知怎么了（我们私下猜测是看小说过多的缘故），身上总是带有一种青春期特有的伤感，仿佛一朵忧郁的兰花，总是莫名其妙地皱眉，和往常相比，好像更不合群了。如果单单是变得忧郁了那也还好，关键是脾气反而变得更大了，除了我们几个合得来的朋友之外，她都不怎么和其他人相处。在大多数同学的眼中，她成了一个"冰美人"。

那天花花一反常态地跟我们说："我想转学，到贵族学校去积累点人脉。"

我们看到她坚定的表情，都感到匪夷所思：积累人脉就一定要去贵族学校吗？这是否有必然的联系呢？

很早之前，妈妈就和我说过："你想拥有什么样的生活，完全是可以自己决定的。如果以快乐的心情看待周围的人和事，就会觉得生活很美好，如果以忧伤的心情看待周围的人和事，那么你会觉得自己是最委屈的人。"

花花，也请你珍惜现在眼前的朋友。

妈妈对我说

果果，在现在这样的一个社会，我们不得不提到一个词就是"人脉资源"。亚里士多德说，一个生活在社会之外的人，同他人不发生关系的人，不是动物就是神。很多同学可能会说："人脉不就是互相帮忙吗？如果我帮不上别人的忙，人家凭什么要来和我打交道呢？"这是对人脉的一种误解。我们在这里要谈一个关于非权力感召力的概念。非权力感召力是一种对他人的感召力，是在与他人的交往中，在人际关系的互动中产生的。与他人建立真诚美好的关系是非权力感召力的源泉。

卡耐基曾经指出：一个人的成功有时并不在于他有多强的能力，当一张无所不至的人际关系网撒下时，就已经成功了一半。

他又指出，人们在事业和生活中的成功，15%靠的是专业知识，85%靠的是人际关系。作为一种人脉感召力，非权力感召力的获得依赖人脉的程度，可能要高达90%以上。

非权力感召力作为一种感召力有时候通过单独行动来影响别人是有难度的，你需要他人的帮助，所以拥有这种感召力的人总是拥有良好的人际关系。他们广交朋友，在遇到困难的时候，他们依靠朋友的关系网，总能化解眼前的困难。即使这些成功者智商并不高，但他们在事业上也能超人一等。

《射雕英雄传》里的郭靖就是这样的一个典型例子。

都说郭靖是个笨人，但是他却成了天下人人佩服的大英雄。看看靖哥哥周围的人，他怎么可能不成功呢？郭靖的师傅不下10位，既有以侠义自称的江南七怪、擅长内功心法的马钰道长，又有武功盖世的洪老帮主、童心未泯的周伯通，更不用说聪明过人的奇女子蓉儿，等等。

正是这"多元化"的师资组合，站在人尖的肩膀上，"笨"得像木头一样的郭靖终成一代大侠。郭靖虽然脑子反应比较慢，但他深深懂得，独腿走不了千里路，要真正在江湖上闯出一条路来，必须兼收并蓄，集众家之长。

学校是我们汲取知识的重要场所。在学校里，有老师，有同学，有校友。这些人都将是使你日后学业有成、事业发展的资源，如果我们从现在就开始好好把握这些资源的话，他们终将会发挥出更加巨大的能量。

果果的小心得

妈妈给我唱过一首歌，"千金难买是朋友，朋友多了路好走"。还有一句类似的俗语，"在家靠父母，出门靠朋友"，说的都是人脉。人脉就是人际关系网，就是我们结交的好人缘，就是在需要时，可以毫不犹豫开口求助的那些人。这是一个处处需要合作的年代，谁都不可能成为鲁滨孙那样的孤胆英雄，而应该是站在巨人肩膀上的英雄。

大家都夸我"人缘好"

"好，先这样，有时间我们常联系。"妈妈放下了电话，反而笑眯眯地看着我。

"果果，杨阿姨刚才一直都在表扬你。说你既聪明又懂事，走到哪里都招人喜欢。"听妈妈这样一说，我心里乐开了花。

"杨阿姨自己也有个女儿啊。"我想起来了。

"杨阿姨总是说，如果她的孩子能像果果一样活泼开朗、懂事大方就好了。"妈妈说道。

杨阿姨家有个女孩和我同岁，可是她为人比较冷漠，别人也很难走入她的内心世界。连我都不太喜欢和她玩，因为我一看到她冷漠的表情，就不想和她接近了。

一个浑身上下透着亲和力的人，和一个整天板着脸神情严肃的人相比，相信绝大多数的人都会选择前者作为自己的交往对象。

由此我得到了一点体悟：如果想让别人不冷落自己，想让自己在一个圈子

中更具有影响力,最好的方法是提升自己的亲和力,多一点对他人的关心和尊重,这样才能在人际交往的舞台上更具魅力。

妈妈对我说

果果,妈妈想要说的是,你的体悟很对。在现实生活中,确实有很多人根本不懂得去尊重别人,一副冷冷的样子。

有个小孩不懂得见到大人要主动问好、对同伴要友好团结,缺少礼貌意识。聪明的妈妈为了纠正他这个缺点,把他领到一个山谷中,对着周围的群山喊:"你好,你好。"山谷回应:"你好,你好。"妈妈又领着小孩喊:"我爱你,我爱你。"不用说,山谷也喊道:"我爱你,我爱你。"小孩惊奇地问妈妈这是为什么,妈妈告诉他:"朝天空吐唾沫的人,唾沫也会落在他的脸上;尊敬别人的人,别人也会尊敬他。因此,不管是时常见面,还是远隔千里,都要处处尊敬别人。"小孩明白了这个道理。

一些高明的政治家就精于此道。为了赢得别人的拥护和支持,他们绝不轻易伤害别人的自尊和感情。一位评论华盛顿政治舞台的专家指出:"许多政客都能做到面带微笑和尊重别人,有位总统则不止如此。无论别人的想法如何,他都会表示同意。他会盘算别人的心思,并且能掌握这些心思的动向。"

只有尊重别人,别人才会喜欢你。你满足别人的精神需求,别人才会满足你的精神需求。

要做到尊重别人其实并不难,你可以从以下几点做起:

(1) 学会倾听。倾听,是有效的沟通过程中最强有力的招数,他不但会让对方觉得自己被尊重,还会激发起他讲话的热忱,而一个善于倾听的人更懂得从对方的讲话中获取有益于自己的内容。

(2) 虚心听取别人的批评和建议。即使有不对的地方,你也不要当面反驳。不要什么事都认为自己正确,你应该学会站在别人的立场上考虑问题,这样就会改变你固执的做法。

(3) 对你周围的人要宽容。别人一不小心得罪了你,并再三向你道歉,你却仍然骂骂咧咧，得理不饶人，结果只会导致你们之间的关系越来越疏远，最终失去一个朋友或能做你朋友的人。

（4）不要在别人面前装出一副冷漠的样子。你冷漠地对待别人，别人会以为你瞧不起他。如果你周围的人诚恳地向你征求意见或诉说苦闷，你却显出一副心不在焉、不感兴趣的样子，即使你心里并没有不尊重对方的意思，可你的行为已经伤了对方的心。

（5）不要贬低别人的能力。当你周围的人在某一方面表现优秀时，你应该给予适当的赞扬，而不是对其进行有意无意地贬低。即使你周围的人能力不强，你也不要贬低。否则，不但会使你们的交往不成功，还会激起更深的矛盾。

果果的小心得

在这个世界上，不管是谁，都渴望获得别人的尊重，从而使自己的自尊心得到满足，使自己被认可、被赏识。如果我们不尊重他，使他的自尊心受到了伤害，当时，他或许会一笑了之，但是，我们却严重地打击了他。如果他不是一个精神境界高的人，即使他当时还是表现得很友善，以后也是不会喜欢我们的。

相反，如果我们满足了他的自尊心，使他有一种自身价值得到实现的优越感，那么，这表明我们很尊重他，他因此也会对我们表示友好。

人脉，要的就是宽度

"果果，和妈妈去参加一个展览会，好不好？"妈妈亲切地问我。

"嗯……我不去，我不想和那些人说话。"我特别不情愿和妈妈一起去。

"正是因为不熟，所以才要去试着认识。"妈妈安慰我说，"果果，你要慢慢有意识地转变自己，多和不同类型的人交往，才能扩大自己的视野。"

"为什么要强迫自己和不喜欢的人来往呢？我真搞不明白你们这些大人，我不喜欢的人就是不理。"我气呼呼地问妈妈。

"怎么可以这么说呢？你不喜欢别人就是别人的错吗？很有可能那是很优秀的人，是你的心不能接纳，所以妈妈想让你多接触不同类型的人，不要只局限在学校这样的小圈子，多接触接触社会，你的心量就会慢慢变大。然后你会发现生活不仅是你所了解的这样一个小圈子，外面还有很多更精彩的内容等你去发现呢。"

"是这样吗？"我心里其实暗自佩服妈妈的口才呢。

"果果，和妈妈去吧。有妈妈，你怕什么！好不好？"妈妈再一次问我。

"嗯，好吧。"

妈妈对我说

俗话说："人上一百，形形色色。"人活在世上，会跟各种各样的人打交道，所以要学会与各种类型的人相处。

1. 傲慢无礼型

这种人一般以自我为中心,自高自大,常摆出一副盛气凌人、唯我独尊的架势。和这种人相处,你千万不要低三下四,也不要以傲抗傲,你只需长话短说,把需要交代的事情简明交代完就行。

2. 固执己见型

这类人一般观念陈腐,思想老化,但又坚决抵制外来建议和意见,刚愎自用,自以为是。对待这种人,你不妨单刀直入,把他工作和生活中某些错误的做法一一列举出来,再结合眼下需要解决的问题提醒他将会产生什么严重后果。这样一来,他即使当面抗拒你,内心也会开始动摇,重新审视自己决定的正确性。这时,你趁机摆出自己的观点,动之以情,晓之以理,那么,他接受的可能性就大多了。

3. 自私自利型

这种人一般缺少关爱,心里比较孤独。他永远把自己和自己的利益放在第一位。和这种人相处,你必须从心灵上关注他,让他感受到情感的温暖和可贵。

4. 过分糊涂型

这种人有点精神分裂倾向,做事时注意力不集中,记忆力低下,理解能力不够。不是理想的共事伙伴。但这种人很有人缘,看起来随便、大度。

5. 深藏不露型

这种人自我防卫心理特强。生怕你窥视出他内心的秘密,其实,这是一种非常自卑的表现。

6. 沉默寡言型

这种人一般性格内向,不善交际与言辞,但并不代表他没话说。和他共处,你需要把谈话节奏放慢,多挖掘话题。一旦谈到他擅长或感兴趣的事,他马上会"解冻",滔滔不绝地向你倾诉起来。

7. 草率决断型

这种人乍看起来反应敏捷,但常常突然做出决断,缺乏深谋远虑,容易做出错误判断。和他相处最好的办法就是经常给他泼泼冷水,让他保持清醒的头脑。

8. 无私好人型

这种人的确是天底下最善良的人，往往容易被人忽视，所以你可能也会忽视或者拿他们不当回事。如果那样的话你就错了，其实他们才是你可以真心相处的朋友。

9. 毫无表情型

这种人，就算你很客气地和他打招呼，他也不会做出相应的反应。按心理学中所说，叫无表情。无表情并不代表他没有喜怒哀乐。只是这种人压抑住了激情，不表露出来罢了。所以，对于这种人，你无须生气，只需把你想说的继续往下说，说到关键时刻，他自然会用言语代表表情。

10. 生活散漫型

这种人缺乏理想和积极上进的心，在生活中比较懒惰，工作上缺乏激情。和这种人相处，你只有用激将法把他的斗志给挖掘出来。

11. 清狂高傲型

这种人谁也看不起，他们处处要显得与众不同，比别人优越，其实这种人的内心是有着深深的自卑的，他们多半是目光短浅的人。对这种人，你根本用不着与之计较，他喜欢吹嘘自己，那就由他去吧。就是他贬低了你，你也不要去与他们较量，何必与不在一个层次上的人分个谁行谁不行呢。

12. 性格古怪型

这种人多半是天生的，有很大的遗传因素在里边，但他们不势利，也不愿与人同流合污。你可能会莫名其妙地与他们"遭遇"冲突，但不要记恨他们。他们一般是事情过去了也就算了，仍然会像从前一样对你，所以，你不要企图去改变人家什么，当然，人家也不想改变你什么。对这种人，注意不要交往过深，也不能对他们有过激的行为和语言。

13. 搬弄是非型

这种人到处打听周围人的隐私，并乐于制造、传播一些谣言，企图从中获得些什么。这种人让你讨厌，但他们并不可怕。所以，你也不必如临大敌，与他们计较。只要他们说的构不成诽谤，又能伤着你什么呢。

果果的小心得

原来这个世界上有这么多形形色色的人啊，看来学会和不同的人打交道还真是一门学问呢。不过妈妈说得很对，我不能因为自己一时的兴趣就决定要不要和大家交往，世界这么大，我要尝试和更多的人做朋友，扩大我的朋友圈。

自制力——交往中的保险锁

"果果，下周爸爸带你去泰山玩，好不好？"爸爸笑着问我道。

我高兴地从床上跳了下来："好啊，好啊！我要去，我要去！"

这个时候妈妈及时制止了我过于亢奋的行动："果果，现在已经是晚上九点多了，邻居都已经休息了，尤其是隔壁的王奶奶有心脏病，你这样大声嚷嚷会把人家吓到的。"

"哦——"我的心情实在是太高兴了，哪里能考虑到这么多呢？所以也只好不再大喊大叫了。留着力气，到泰山上去喊吧。

我这样一想，心里忍不住又高兴起来，但是不可以喊，怎么办？于是我控制不住自己，在原地蹦了起来。

"果果，不可以乱蹦。"妈妈再一次批评我。

"又怎么了？我又没有喊？"我实在不理解妈妈为什么总是限制我的行动。

"你这样蹦蹦跳跳，楼下住的人受得了吗？"妈妈对我说，"好孩子，妈妈知道你心里很高兴，不过你要学着控制自己，要有自制力，对不对？"

"嗯，好吧。"留着体力，到时候去泰山上蹦吧。现在，回屋休息。

妈妈对我说

自制是基于对社会规范有明确认识并自觉地调节和控制自己行为的品质。

自制力强的人，能够理智地对待周围发生的事件，有意识地控制自己的思想感情，约束自己的行为，成为驾驭现实的主人。

自制是日常行为的一把保险锁，它要求我们能够以理性来平衡自己的情绪，接受理性的指引，先"谋定而后动"，管住自己的言行和举止，而后引导所有积蓄的力量流入成功的海洋。

相反，如果一个人有缺乏自制的习惯，总是让自己的情绪主导着一切，口无遮拦，行无规矩，随心所欲，没有规划，也不会有目标。那样的话，要么他所有的努力如同脱缰野马，根本控制不了，最终达不到既定的目标；要么他的行为与环境格格不入，最终也达不到成功的彼岸。

东汉末年，杨修以才思敏捷、颖悟过人而闻名于世，他在曹操的丞相府担任主簿，为曹操掌管文书事务。曹操为人诡谲，自视甚高，因而常常爱卖弄些小聪明，以刁难部下为乐。不过，杨修的机灵、颖悟又高过曹操，致使曹操常常生出许多自愧不如的感慨和酸溜溜的妒意。

建安十九年春，曹操亲率大军进驻陕西阳平，与刘备争夺汉中之地。刘军防守严密，无懈可击，又逢连绵春雨，曹军出战不利。曹操见军事上毫无进展，颇有退兵的意思。

这天，曹操独自一人吃着饭，同时也在思考下一步的行动。一个军令官前来请示曹操，当晚军中用什么口令。军中规定每晚都要变换口令，以备哨兵盘查来人。此时，曹操正用筷子夹着一块鸡肋骨，于是脱口而出："鸡肋。"军令官听了也觉得没什么奇怪的。

消息传到杨修耳里，他便整理笔札、行装，做离开的准备。一个年轻的文书见状后问道："杨主簿，这天天要用的东西，有什么好收拾的？明天还不是要打开？"

"不用了，小兄弟，我们马上就可以回家。"杨修诡秘地笑着说。

"什么？要回家了？丞相要撤退，连点蛛丝马迹也没有啊。"小文书不解地看着杨修。

杨修淡然一笑说:"有啊,只是你没有察觉到罢了。你看,丞相用'鸡肋'作为军中口令,'鸡肋'的含义不就是'食之无肉,弃之可惜'吗?丞相正是用它来比喻我军现在的处境。凭我的直觉,丞相已考虑好撤军的事了。"

消息又传到夏侯那里,夏侯听了也觉得有理,便下令三军整理行装。当晚,曹操出来巡营时一见,大吃一惊,急令夏侯来查问,夏侯哪敢隐瞒,照实把杨修的猜度告诉了曹操。对杨修的过分机灵早已不快的曹操,这下子抓到了把柄,立即以惑乱军心的罪名,把杨修杀了。

后来的事实证明,曹操虽杀了杨修,终于还是下令退军了。然而,就杨修而言,他早晚必死无疑。因为他几次三番地恃才傲物,逞口舌之快,不能在曹操面前收敛自己,而把小聪明用在一些无用的小事上面,又不顾忌上下尊卑,随心所欲地言行。正是因为他不能够控制自己的言行,才招来了杀身之祸。

自制力薄弱的人遇事不冷静,不能控制激情和冲动;处理问题不顾后果,任性、冒失。这种人易被诱因干扰而动摇,或惊慌失措。自制力是一种克制或节制,自我约束是一种美德,是文明战胜野蛮、理智战胜情感、智慧战胜愚昧的表现。

自我控制的能力是高贵品格的主要特征之一。能镇定且平静地注视一个人的眼睛,甚至在极端恼怒的情况下也不会有一丁点的脾气,这会让人产生一种其他东西所无法给予的力量。人们会感觉到,你总是自己的主人,你随时随地都能控制自己的思想和行动,这会给你品格的全面塑造带来一种尊严感和力量感,这种东西有助于品格的全面完善,而这是其他任何事物所做不到的。

在某国的特种部队,流传着这样一个故事:

一个间谍被敌军捉住以后,他立刻装聋作哑。任凭对方用怎样的方法诱问他,他都绝不为威胁、诱骗的话语所动。最后,审问的人故意和气地对他说:"好吧,看起来我从你这里问不出任何东西,你可以走了。"这个间谍会怎样做呢?他会立刻带着微笑,转身走开吗?不会的!没有经验的间谍才会那样做。

要是他真这样做，他的自制力是不够的，因为只要他一跨步，就意味着已经暴露他的身份，死亡的危险马上就会降临。有经验的间谍会依旧像毫无知觉似的呆立着不动，仿佛他对于那个审问者的命令，完全不曾听懂似的，这样他就胜利了。审问者原是想以释放他，来观察他的聋哑是否是真实的。一个人在获得自由的时候，常常会制止不住心灵上的动静。但那个间谍听了依然毫无动静，仿佛审问还在进行，审问者相信他的确是个聋哑人，说："这个人如果不是个聋哑人，那一定是个疯子了！放他出去吧！"就这样，这名有经验的间谍，以他特有的自制力，使自己免遭一劫。

由此可见，自制力是多么的重要。如果我们想为人生的画卷描绘上美丽的图案，则有必要学会在大小事上进行自我控制。必须学会容忍和控制，感情必须服从于理性判断。你必须尽量避免坏的心情、坏的毛病、骄傲狂妄的心态等。这样，成功的钥匙才有可能掌握在你自己手中。

果果的小心得

自制力能使生活之路变得平坦，还能开辟出许多新道路，如果没有这种自制力，就不能有所创新。很多成功人士并非因为天赋非凡，而是因为性情的非凡才使他们获得成功。如果我们没有自我控制的能力，就会缺乏忍耐精神，既不能管理自己，也不能驾驭别人。

第十一章 你若盛开，蝴蝶自来
——给纯粹无瑕的你

善良的女孩人见人爱

谦卑是一种馨香的人格魅力

友爱别人就是善待自己

爱总是伴随着某种牺牲

做个纯粹的女孩

好女孩自食其力

我认输，但我不会服输

善良的女孩人见人爱

别看葱头是个女孩，她可聪明啦，而且物理题做得特别好。所以，班上有很多女孩喜欢找她问问题。只要一下课，会有很多女孩拿着作业本找葱头。

"葱头，你看，刚才老师讲到这一步，我不明白。"

"葱头，这样的题型我们以前根本就没有做过啊，你会吗？"

"葱头，你能不能一步一步地讲给我听。上课老师讲的，我没听明白。"

这几天葱头真是够辛苦的，只要到了课间，就会看到她忙起来。说真的，我还是挺心疼葱头的，因为她给同学讲题的那种服务精神让我看了感动。对于有的实在是太笨的小女生，葱头还会特意帮她画一张示意图，然后一步一步地给她讲，讲完一步，就问她："这一步你明白了吗？"那个同学表示明白了，她才开始讲下一步。我在旁边看了都替她感到累。

最近快考试了，葱头更忙了，都放学了还有同学缠着她讲题，葱头也只好舍己为人了。那天我们从学校走出来，已经是晚上八点了。

"葱头，你为了给同学讲题目，浪费了自己多少时间。你还有时间复习吗？"我很关心地问她。

"嘿嘿，没事。"葱头憨憨地一笑，告诉我，"果果你不知道，其实给人讲题，最受帮助的是自己。"

"为什么？"我很疑惑。

"你想啊，如果你只是在自己做题，你就只想把题目解出来就好，而我在讲题，就要考虑如何让别人明白，所以对题目的理解就更深了一层。你能体会到吗？"

我还真的体会不到，不过，葱头说的似乎有道理，因为最后考试成绩发布，她的分数依然遥遥领先。

妈妈对我说

果果，我能体会到葱头在劳累中的快乐，能依靠自己的能力给同学带来这么大帮助，是一件多么值得高兴的事情。让妈妈先给你讲一个帮助别人的故事吧。

一天，某个村庄来了一位智者，人们纷纷向他请教自己最困惑的问题。一位少年，总感觉自己有很多问题无法释怀，于是也去拜访年长的智者，少年问："我怎样才能变成一个自己愉快，也能带给别人快乐的人呢？"

智者笑着说："孩子，在你这个年龄有这样的愿望，已经很难得了。很多比你年长的人，从他们问的问题本身就可以看出，不管怎样跟他们解释，都不可能让他们明白真正重要的道理。我送给你四句话，第一句是，把自己当成别人。"

少年想了一下问："是不是说，感到痛苦忧伤的时候，就把自己当成别人，这样痛苦自然就减轻了；欣喜若狂的时候，把自己当成别人，那样心情也会变得平和一些？"

智者微微点头，接着说："第二句话是，把别人当成自己。"

少年沉思了一会儿，说："这样就可以真正同情别人的不幸，理解别人的需要，而且在别人需要帮助的时候给予适当的帮助，是吗？"

智者表示认同，继续说道："第三句话是，把别人当成别人。"

少年思索着："要充分尊重每个人的独立性，在任何情形下都不能侵犯他人的秘密，对吗？"

智者哈哈大笑："很好！第四句话是，把自己当成自己。"

少年说："这句话的含义，我一时体会不出，而且这四句话之间有许多微妙之处，我怎样才能把它们体会明白呢？"

智者说："很简单，用一生的时间和经历。"

少年沉默了很久，然后道谢告别。

后来少年变成了中年人，又变成了老年人，在他离开这个世界很久以后，人们还时时提到他的名字，人人都说他是一位智者，因为他是一个愉快的人，他的热情也给每一个遇到他的人带来了快乐。

果果的小心得

如果我们都能像上面故事中的少年一样，将别人视为自己，那么帮助别人也就是帮助自己，就不会这样不情愿、不开心了。这就是快乐与行善之间的关系，明白了这一点，就会明白那些甘于奉献的人为什么总是面带微笑，为什么都是快乐地投身到自己的善行中去，因为他们从自己的善行中感受到了无尽的快乐与幸福。

谦卑是一种馨香的人格魅力

有一个特别恰当的比方：稻穗越是饱满，就会垂得越低。同样的道理，人越是有涵养，所表现出来的就会越谦卑。我们做学生的，也喜欢具有谦卑精神的老师。

我们都喜欢物理老师，因为她是一位老教师，讲授物理的原理深入浅出，把原本很复杂的道理用很普通的事情表现出来，还会在课上抓住合适的时机讲一些小笑话，所以同学们不会因为物理课难学而为上课头疼。不仅如此，她对待同学也非常热情，不会瞧不起差学生，对于成绩落后的同学更是给予鼓励和帮助，这一点最难得了。

而有的老师却不是这样，他们会嫌弃学习不好的学生，对待差生的态度很不好，很不耐烦。这样的老师，我们怎么会喜欢他呢？

虽然说在老师的眼里我们是小孩，可是即便是小孩也会有分辨善恶的能力啊。我们所有的同学都从心里尊敬我们的物理老师，难道不足以说明问题吗？

妈妈对我说

果果，你们的物理老师确实很值得人尊敬。既然你能有幸遇到这样好的老师，妈妈希望你不仅要跟这位老师好好学习物理知识，也要在人格上向这位老师靠拢，当一个谦卑的人，好吗？

科学家牛顿曾经说过："我不知道人家怎样看我，但在我自己看来，我就像一个在海滩上的小孩子，偶尔拾到一些较为光滑的圆石，而真理的大海我并未发现。"这些富有哲理的话足以启发我们去思考谦卑这种品质所能够散发出来的能量。

有句话说"大海本在最低处"，海纳百川而成浩瀚永恒的大海，并不是因为地势高，而是因为它接纳了无数奔流而来的汇合之水，才使自己壮大、永不干枯。可见，地势低有时是一种优势。

谦卑不仅是一种个人修养，而且也是促使人进步的基础。古人云"虚己者进德之基"，这种谦逊会把挫折变成精神上的资产。

富兰克林年轻时特别高傲，走路总是趾高气扬的。有一次他去拜访一位有名的教授，不料在进门时不小心被门框狠狠地撞了一下，额头上当即就露出了一道红印。富兰克林狼狈不堪，一边搓揉着撞痛的额头，一边非常生气地盯着那道比一般住所要矮很多的门框。

这时教授从里面走了出来，笑着对富兰克林说道："年轻人，撞痛你了吧？如果你要懂得生活，你就必须学会在该低头时低头，这才是你今天到这里来的最大收获。"

接着，教授又意味深长地说："趾高气扬体现在许多年轻人的身上，他们总是爱把自己评价得过高，直到某天撞上了矮矮的门框，才后悔自己把头抬得过高而遭受了重创。其实，要想穿过一扇门，就得让自己的头低过门框；而要想登上山峰之巅，就必须得让自己低头弯腰，努力向上攀登。"

195

虽然富兰克林额头上被碰撞的红印早已经消失了,但教授的话却深深地印在了他的心里。在此后的生活中,他变得非常谦逊谨慎,并把"学会低头"写进了他的行为准则之中,这对他今后成为影响世界的伟人起着至关紧要的作用。

在秦始皇陵兵马俑博物馆,有一尊被称为"镇馆之宝"的跪射俑,它乃兵马俑中的精华,是中国古代雕塑艺术的杰作。这件旷世杰作不仅是雕塑史上的精华,同时也蕴含了一种极具智慧的处世之道。

据说秦兵马俑坑至今已经出土清理各种陶俑一千多件,皆有不同程度的损坏,需要人工修复,唯有这尊跪射俑完好无损,未经人工修复。那么它何以能保存得如此完好呢?内行人说,这得益于它的低姿态。首先,一般兵马俑坑都是地下坑道式土木结构建筑,所以当顶棚塌陷,土木俱下时,高大的立姿俑会首先受到损害,相比之下,低姿态的兵马俑受到的损害肯定要少一些;其次,跪射俑作蹲跪姿,右膝、右足、左足三个支点呈等腰三角形支撑着上体,重心在下,稳定性增强了,所以不容易倾倒、碎裂,因而它能历经千年岁月而完好无损。

由跪射俑联想我们的为人处世之道,成长在校园中的学生年少气盛,涉世不深,难免心高气傲,喜欢率意而为、张扬个性,但是如果有一天走上社会,你就会发现这样做并不一定会有所作为,因为不懂得委曲求全、收敛锋芒,就会处处碰壁。

果果的小心得

我们常说为人处世要低调,实际上就是要保持生命的低姿态,像跪射俑一样,避开无谓的纷争,专心做事。这样才能躲避意外的伤害,在保全自己的基础上,有所发展,成就自己。就如同老子所说的那样,以柔克刚,无为即有为。

友爱别人就是善待自己

"唉！考试考砸了，不想回家。果果，和我在外面散散心再回家吧。"媛媛的成绩亮了红灯，看着她难受的样子，我也只好放弃自己的时间陪她。

为了让媛媛高兴，我一路上都在给她讲好听的笑话，可是媛媛就是不笑，把我都快憋哭了。

"媛媛，一次成绩说明不了什么问题，下次努努力就追上去了，有什么大不了的，没事啊。"我安慰到。媛媛什么也不辩驳，只是"嗯"了一声，就不再说什么了。

这时，我们看到不远处的桥上有个小孩在哭，似乎哭得很伤心，我和媛媛赶快跑过去看。原来，这个小朋友把妈妈新给买的塑料玩具弄到河里去了，他很着急，急得哇哇大哭。

"果果，你看，那个塑料玩具是漂在河面上的，可以捡得到。"媛媛的注意力被转移了，没有了刚才的死气沉沉。

"你我都不会游泳，怎么捡上来？"

"嗯，等等，让我想想。"媛媛观望了一下周围，"你看，那边有个老爷爷在钓鱼，我们可以借他的鱼竿，这样就可以把玩具捡回来了。"

还真是一个好主意，媛媛马上过去安慰小朋友："你不要哭，我帮你把玩具捡上来吧。"

然后我们从河堤边顺着走下去，跑过去找那位老爷爷借鱼竿，终于把小朋友的玩具打捞了上来。

"给你。"媛媛笑着对那个小孩说。

"谢谢姐姐。"看到小孩高兴的样子,我和媛媛的心情都舒展了起来。

"果果,我的心情好点了。"

其实,我比媛媛的心情还要好:其一,我安慰了一个心情很难过的朋友,其二,我帮助了一个与我素不相识的人。

妈妈对我说

快乐是一种最有价值的珍宝,人们都想得到它,但是有一些人,却总是难以达成自己的这个心愿。

本来,你们这个年纪正处在生命中最美好的时候,如果将人生比作一年四季,那么青少年时期就是生命的初春,万物萌发,一切充满生机,但是现实中我们的感受却与此大相径庭,比如你的好朋友媛媛,被考试和升学的压力压得喘不过气来,生活已经被学业充满,不仅很少感受到快乐,有时甚至产生"郁闷"甚至悲观的情绪。

这种现象,当然与现行的教育制度有关,但是,我们也应该反思一下自己,虽然肩负着很大的学习压力,但是快乐就真的离我们远去了吗,生命中就真的没有能够让我们快乐的事情了吗?

当然不是这样的,在我们繁忙的功课之余,如果能够真诚地寻找快乐,那么现在,你就可以得到快乐的秘籍:快乐不需探寻,若以爱待人,旋即得之。

从小到大,你听说了太多关于做人方面的说教,以至于爱、牺牲等字眼可能在你的眼中都变得不那么实在了,实际情况并非如此,爱能带来快乐,如果你愿意付出自己的行动去尝试,你会发现这是一条能给人带来快乐的真理。

以前,妈妈就听说过一个叫杨思的女中学生。她有漂亮的外貌、优秀的学习成绩和富裕的家庭,但是她经常感到自己并不快乐,这种不快乐不是单纯的青春期常有的莫名惆怅,而是一种空虚。她总是感到生活中缺少了一种东西,就是这种缺失让她感到生活就像白开水一样平淡无奇,没有真正的快乐。

有的时候,她经常看到一些快乐的陌生人,于是这一天,放学回家的时候,她不自觉地放慢脚步,因为她想趁这个机会观察一下别人的快乐,她想知道怎样才能得到快乐。一路上，她看到了很多开怀大笑或者表情惬意的人，但她还是不明白他们快乐的原因。正在这时，天下起雨来，她收起思绪打开了伞匆匆往家里走。走着走着，忽然看见远处出现个瘦小的身影，是个小学生，这个学生忘带伞了，他一手抱住书包，一手遮着头急急忙忙地跑来。杨思停下脚步，她想：我可不能不帮他啊，万一淋了雨得了感冒，多难受。但是回家晚了妈妈会责备我的，怎么办呢？杨思犹豫不决，她望了望那个小孩，狠狠心决定先送孩子回家。

杨思连忙叫小学生到伞下避雨，并问清他的住处，两人就迈开步子向目的地走去。一路上，杨思还故意把伞往孩子那边移，孩子没被雨淋着，她自己的半边身子倒被淋湿了。她把孩子安全送回家之后，孩子的父母连声道谢，杨思一下子感觉心里甜滋滋的，有说不出的高兴。就在这一瞬间，她找到了快乐，原来，快乐的味道如此美妙！

从此以后，她一直用对待淋雨的小孩子的心态来对待周围所有的人，她也因此找到了越来越多的快乐。虽然，恼人的功课和考试并没有少一点，但是她觉得自己比以前快乐了，这种内心的充实是以前从来没有体验过的。

果果的小心得

其实，快乐就是这样简单。他们所体验到的这种内心的充实就是快乐，就是我们正在寻找的东西。其实，快乐离我们并不遥远，拿出我们的爱，友善地关爱和帮助身边的人。

爱总是伴随着某种牺牲

在繁华的商业区，经常看到霓虹灯的流光溢彩中夹杂着不和谐的符号——衣着光鲜的人群中总是有行乞的身影。

"我在报纸上看过报道，这些人都是骗子，根本就不值得同情。"葱头如是说，"而且他们这样做也会影响市容，社会是有救济所或者是遣送所的，他们并不是没有路可以走，为什么一定要行乞呢？"

相对于葱头的理智清醒，媛媛似乎有些怜悯他们："如果是我的话，我就会给他们送去一点零钱，不多，而且就算是上当了也不会对自己造成什么影响，如果他们真的需要帮助呢，我们也算做了一件好事。"

"可是，我们只能给他们一些零钱，这也并不能解决什么问题啊。"我比较认同媛媛的做法，但是又觉得她这样做无异于杯水车薪。

"那总比什么都没有强吧。"媛媛这样反驳我。

也许，媛媛是对的吧。我要以什么样的心态来对待呢？

妈妈对我说

果果，有的时候，对一个人付出爱心并不是一件容易的事，因为爱经常要付出代价，要牺牲掉自己的一些东西去帮助别人，成就别人。爱心并不是有钱人的专利，而是一份恭敬的心，心灵的慰藉远远比给钱更要有意义。

举个例子，当你看到大街上一个脏兮兮的乞丐的时候，让你伸出双手，去握住他的手，拍拍他的肩，这种动作必定能够让他感受到你的爱，但是你愿意这样做吗？我想，你应该会很不情愿，因为这需要克服内心的障碍。你是一个特别爱干净的人，难以忍受灰尘堆积或者不清洁的事物，但你又想给别人一点安慰，对他表达你的友善，于是，这两种念头在你的内心深处斗争起来，你也不确定，爱的信念能否战胜讨厌肮脏的念头。

其实，这是人们经常遇到的情况，之所以会出现这种情况，是因为爱是需要付出代价的，爱总是伴随着某种牺牲存在的，只是这种牺牲的程度有大有小。如果你说你爱你的妹妹，但是你舍不得用自己的压岁钱为她买她喜欢的美丽发卡；如果你说你爱你的父母，但是你不愿意努力学习以安慰他们希望子女成龙成凤的心；如果你说你爱你的祖母，但是你不愿意放弃玩耍的时间帮助她做一些家务活。那么，你的爱不是真正的爱，你没有为了这爱付出应该付出的东西，这种爱是浅薄的，与真爱的境界相去甚远。

也许，你会认为：我顶多也就能给他一块钱，甚至就是几毛钱，可能对他来讲不能解决什么问题。而妈妈想告诉你的是：量力而行，只要付出你的爱心就够了。

果果，还记得有一次，在学校倡导为灾区人民捐款的时候，你听了老师关于灾难的讲述，心中确实产生了怜悯之心，内心中爱的信念促使你对他们产生了深深的同情，你决定要为他们捐款，于是回到家里，向妈妈要了五十元钱捐了出去，你认为这样自己就已经尽到了心意，然后就把这件事情抛到脑后。

可是你想过没有，当你拿出零花钱去买一根一元钱的雪糕时，你肯定没有想到这一元钱也可以捐赠出去。当老师提醒你的时候，你却不以为然，因为，这一元钱实在太微不足道了，一元钱难道能帮助灾区人民盖房子吗？

果果的小心得

一个人，不管他到底拥有多少东西，他能够尽自己的所能去爱别人，帮助别人，这份心意，就是弥足珍贵的。自己的一元钱也许微不足道，但是如果许多人都捐出一元钱，就能解决大问题。而且，我们的一元钱，会让被帮助的人心里感到温暖，感到安慰，这也是最重要的。

做个纯粹的女孩

记得在我小时候，有一次，姑姑把我接到她的家里玩。她家里面装饰得特别漂亮，而且有好多好吃的糖果和好玩的玩具，白天的时候，我徜徉其间，不亦乐乎。姑姑看我很高兴，就对我说："果果，你晚上住在这里吧。"

"好。"当时的我玩得正高兴，毫不犹豫地就答应了。

可是到了晚上快睡觉的时候，我忽然想起了妈妈，情绪一下子就低落下来了。姑姑把一个毛毛熊塞在我的手里，对我说："你摸摸这个，特别软。"不知为什么，我一下子感觉很委屈，哇哇大哭了起来。

"我想妈妈，我要回家，我不住这里了。"我越哭越觉得伤心，根本无法安静下来。

姑姑看我执意要回家，只好在晚上把我送了回来。

回到家的时候，已经是晚上10点多了，当时妈妈还在灯下看书。

相对于姑姑家来说，我自己的家里显得清寒了许多，但是我觉得心里暖暖的，心情一下子好了起来，终于破涕为笑了。

真的是这样，哪里都不如自己的家好。我的家不豪华，但却是最温暖的。

妈妈对我说

果果，这件事情我还记得很清楚，当时我正在灯下整理白天学习的笔记，看到你突然回到家来，脸上挂着泪珠，让妈妈记忆犹新。

很久以前，曾经有一个贵夫人看到一个六七岁的小女孩独自在街上拾破烂，就把她带了回来。那位贵夫人给她洗澡，为她换上干净的衣服，又拿出最好的食物招待她。但到了晚上，那孩子却偷偷跑掉了。贵妇人很担心她，就把她寻了回来。但第二天她又跑掉了，贵妇人对她的做法很不理解，就派了一个人悄悄地跟踪她。结果，那个人在一棵树下找到了她。原来，这树下有她的母亲、姐姐和妹妹。她们在那里做饭、吃饭、睡觉、醒来，她们在那里哭，在那里笑。因为那里就是她们的家。

原来，小女孩逃跑是因为她不想丢下自己的母亲而自己去享受美好的生活。因为她是那样爱她的母亲，尽管那是一个贫穷的蓬头垢面的母亲，但在她的眼里，却是最美的母亲，而母亲就是她的家。

无论在什么情况下，有爱心的人始终心系他人的安危，很少关注个人的得失，更不会因为别人的欺骗或者背叛而改变自己的爱心。这就是小孩的天性，他们的心灵没有被污染。

1911年的诺贝尔和平奖获得者阿尔弗雷德·弗里德是奥地利著名的记者。阿尔弗雷德从小就是一个善良的孩子。因为家里比较贫穷，父母每天都为了一家人的生计奔波忙碌。为了帮助父母减轻一点负担，小阿尔弗雷德决心去摆一个小书摊，并把自己的计划告诉了父母。

最初，阿尔弗雷德的父母并不同意他这么做，担心这样会影响到他的学业。后来，在阿尔弗雷德的软磨硬泡下，他的父母终于同意了。

很快，小阿尔弗雷德就成了一个小书摊的摊主了。因为他服务热情，而且有很多有趣的图书，所以小书摊的生意特别好。在劳动中，小阿尔弗雷德学到了许多知识，也认识了很多朋友，每天都过得特别充实。

有一天，已经接近傍晚了，小阿尔弗雷德麻利地收拾东西，准备回家吃晚饭。这时，有四个和他差不多大的孩子围了过来，把他压在身子下面。一个孩子厉声问道："你的钱呢？钱在哪里？快点给我们！"

当四个孩子在他身上乱搜的时候，他又气又急，慌乱中，他忽然看见街对面有一个警察，就大喊了一声："警察来了！"那四个孩子看见警察来了，都慌了，爬起来就跑。其中有一个孩子比较小，跑得慢，所以被小阿尔弗雷德一把抓住了。

警察过来了，看着凌乱的书摊和两个孩子，很严肃地问道："这里发生了什么事？你们两个在做什么？"

小阿尔弗雷德看了看旁边那个孩子，说："他想……他想租书看，可是我要收摊回家吃晚饭了。所以他就帮我收拾摊子。"

那个孩子感到很意外，警察走后，他迷惑不解地问阿尔弗雷德："刚才，你……你为什么不报告警察？"

小阿尔弗雷德并没有回答，却反问那个孩子："你们为什么要来抢我的钱呢？"

那个小孩低下头，不好意思地说："我们已经观察你好几天了，本来也没想抢你的钱，可是今天我们没有弄到吃的东西，都饿坏了，所以才……"

"就因为我看你们的衣服很破旧，所以我知道你们抢钱肯定也是迫不得已，我也是穷人家的孩子，所以我才没有报告警察。"小阿尔弗雷德诚恳地说。

收拾好书摊之后，小阿尔弗雷德对那个孩子说："你跟我一起走吧，咱们一起吃饭去。"

那个孩子感动地点了点头。小阿尔弗雷德带着他来到附近的小吃店里，吃完饭后，又买了几张饼，说："你带给你的朋友们吧。欢迎你们明天还到我这里来，我可以请你们免费看书。"

第二天，直到很晚了，那四个孩子才来。这时，小阿尔弗雷德才知道，他们原来都是流浪儿，靠乞讨和拾破烂为生。从那以后，小阿尔弗雷德总是尽量帮助他们，而这四个孩子只要有时间，就会聚集在书摊上看书，帮小阿尔弗雷德收拾书摊。后来，他们居然成了很好的朋友。

果果的小心得

古人云："人之初，性本善。"施爱行善是人的天性，真正有爱心的人，无论在什么时候都不会放弃自己的爱心，即使面对伤害过自己的人时也是如此。

好女孩自食其力

这天，妈妈下班带来一套"福娃纪念版明信片"，我一看就喜欢上了。

"妈妈，把这个送给我好吗？"我试探着央求妈妈。

不过妈妈故意卖了一个关子："这套纪念版的明信片，在市场上根本就买不到，很有收藏价值。这样吧，你通过自己的小努力，取得一点小成绩，我就把它送给你，好吗？"

"好吧。"看来妈妈不会把明信片白白送给我，我只好答应妈妈的要求。

"游戏的规则是这样的，你要听好。"妈妈开始给我布置任务，"你坚持一个星期，每天早上预习功课，连续一周数学作业都是'优'，我就把它送给你。"

"嗯。"就这么定了。

从那天以后，我决定每天早上六点起床，开始预习当天的功课，并且每天做作业的时候都认真了许多，因为以前我经常犯丢三落四的毛病，所以我要仔细仔细再仔细。

一周过去了，我都按照妈妈的要求做到了，妈妈很高兴地把明信片送给了我，还和我说："果果，这个礼物是你经过自己的努力得到的，是不是和白送的感觉不一样。"

是啊，这份礼物我会加倍珍惜的。

妈妈对我说

从前，老虎并不像现在这样威风，相反，他是所有动物中最弱小的一个。因为找不到食物，常常是饥一顿，饱一顿。

狮王把所有的小动物都召集起来说："老虎是我们中的一员，我们不能眼睁睁地看着他饿肚子而不管不问。我建议，大家都伸出友谊之手，拉他一把，帮他渡过难关。"

于是，动物们都给老虎送去了好吃的东西，唯有猫什么东西也没有送。

狮王不高兴地对猫说："大家都给老虎送了东西，你怎么什么都不送呢？"

猫说："你们送给他的东西虽然很多，但总有一天会吃完的，我要送给他一件永远吃不完的礼物。"

狮王不屑地说："算了吧，你除了能送几只老鼠外，还能送什么呢？"

猫回答说："以后你会看到的。"

几个月以后，狮王又来到老虎家。好家伙！老虎家里里外外到处都挂着好吃的东西。

狮王问："这些东西都是猫送的？"

"不，"老虎说，"他送的礼物要比这些东西贵重千万倍！"

狮王好奇地问："那究竟是什么东西？"

老虎说："他教我练壮了身体，又教我学会了捕食的本领。"

"噢！"狮王从头到尾把老虎打量了一番说，"难怪你那么崇拜他呢，连衣服也和他穿得一模一样！"

再多的好东西都比不上一身本领。要想在社会上立足，就要摆脱依赖他人的想法，不断提高自身的能力，练就一身谋生的好本领。这样才能为自己赢得尊严。事实上，只有当一个人能够自立的时候，才能为自己赢得尊严。一个在穷困中仍然能够保持自立精神，不依靠别人的施舍生活的人，最终必将获得人生的成功。

杰克七岁那年，他的父亲去世了，他还有一个两岁大的妹妹，母亲为了这个家整日操劳，但是赚的钱还是难以让这个家的每个人都能填饱肚子。看着母亲日渐憔悴的样子，杰克决定帮妈妈赚钱养家，因为他已经长大了，应该为这个家贡献一份自己的力量了。

一天，他帮助一位先生找到了丢失的笔记本，那位先生为了答谢他，给了他1美元。

杰克用这1美元买了3把鞋刷和1盒鞋油，还自己动手做了个木头箱子。带着这些工具，他来到了街上，每当他看见路人的皮鞋上全是灰尘的时候，就对他们说："先生，我想您的鞋需要擦油了，让我来为您效劳吧！"

他对所有的人都是那样有礼貌，语气是那么真诚，以至于每一个听他说话的人都愿意让这样一个懂礼貌的孩子为自己的鞋擦油。他们实在不愿意让一个可怜的孩子感到失望，他们知道这个孩子肯定是一个懂事的孩子，面对这么懂事的孩子，怎么忍心拒绝他呢？

就这样，第一天他就带回家50美分，他用这些钱买了一些食品。他知道，从此以后每个人都不需要再挨饿了，母亲也不用像以前那样操劳了，这是他能办到的。

当母亲看到他背着擦鞋箱带回来食品的时候，流下了高兴的泪水，"你真的长大了，杰克。我不能赚足够的钱让你们过得更好，但是我现在相信我们将来可以过得更好。"妈妈说。

就这样，杰克白天工作，晚上去学校上课。他赚的钱不仅为自己交了学费，还足够维持家里的生活了。他知道，"工作不分贵贱，只要是靠自己的劳动赚来的钱就是光荣的。"

果果的小心得

如果凡事都想倚靠别人，是永远无法赢得别人尊重的，而更重要的是自己也体会不到劳动的价值和快乐。只有自食其力才能够为自己赢得尊严，从现在开始我就要尝试用自己的双手来创造劳动成果。相信这样的锻炼和经历，对于将来更好地适应社会将是大有益处的。

我认输，但我不会服输

"果果，你的英语考了67分。"媛媛跑过来向我汇报上周末的英语考试战况。

"哦。"我答应了一声，其实内心对这个成绩极其不满意。这个分数好低啊，差点就不及格了。

回到家，我把试卷撂在桌上给妈妈看，什么话也说不出来了。

妈妈似乎也看出来我内心比较难过，她没有训斥我，而是耐心地对我说："果果，你肯定也对这样的英语成绩不满意，对吗？"

"嗯。"我点点头，"我没有不用心学，其实我很认真了，可就是考不好，自己心里也很着急。"

"嗯，你在努力，妈妈都看到了。不过你要相信自己，别人能考好，你一样也能考好，对吗？肯定是学习方法上有问题。"妈妈耐心地给我分析。

听到妈妈的话，我心里觉得暖暖的，我要好好分析一下自己失败的原因，争取下次取得好成绩。

妈妈对我说

果果，其实不仅是你，每个人都会遭遇失败，失败其实并不可怕，但如果失败了却毫无意识，甚至还自以为是，置身于人生陷阱中而不知，这才是一种人生的悲哀。

在面对可能出现的败局时，我们不能放之任之，因为这种败局只是一种可能，没有必然性，所以，在可能失败之前，我们必须尽力保证不失败，或者力求少失败。

孙子曰："昔之善战者，先为不可胜，以待敌之可胜。不可胜在己，可胜在敌。"这说的是从前会打仗的人，先要创造不会被敌人打败的条件，再等待可以战胜敌人的机会。

孙子的话揭示了这样一个道理：不会被敌人战胜，主动权操控在自己手中；能不能战胜敌人，却在乎敌人。纵观古代的许多战例，大凡军队出征之前，定当部署守土之兵；军队行进之时，必先安排断后之将；两军交战之后，均须防备对方晚上劫营。照此行动，两军对垒之时，有可胜之机则战而胜之，无取胜之便也不会被敌人所乘而致落败。

人生也是这个道理，你若想在政界脱颖而出，必须言不逾矩，行不忤法，否则授人以柄，难免前功尽弃，到时候纵有高才奇志也是枉然。你若想在商界崭露头角，便不能过度负债或违法经营，否则或在商战之中落马，或在法纪面前翻车。即使做个靠薪水度日，凭手艺谋生的小百姓，也要洁身自好，不给人以可乘之机，以免惹下麻烦。学习上更是如此，如果你想遥遥领先，就必须善于掌握学习方法，不断地学习进取，以免被人迎头赶上。

"先为不败后求胜"，不仅是兵家保存自己、夺取胜利的谋略，同时也对人们求生存、图发展有着很好的指导意义。如果你要想在学业上一帆风顺，便应经常寻找自己学习上容易出现失误的地方，并加强防范或及时补救，这样才能确保理想的实现。

但如果在经过一番辛勤的努力之后，成功仍然无望，此时你就该进行深刻的分析，看看是主观原因的影响还是客观条件的制约，并采取相应的对策摆脱困境。

"对症下药"与"另闯新路"，这是面对败局两种截然不同的思维方式，前者立足于解决战术上的问题，后者着眼于纠正战略上的错误，面对败局究竟应选择哪条路，这就全靠你的分析与判断了。

果果的小心得

妈妈的话不仅让我重拾信心，还为我以后的努力指明了方向。总结妈妈的话，我觉得想和失败过过招，不妨按照以下三个步骤进行：

首先，超前思考，变不利为有利。大凡人们办事，一般都会碰到一些有利条件，也会遇见一些不利因素。此时，当事人便应超前思考，力争将不利因素转化为有利条件，为自己增添胜算。

例如《三国演义》里，诸葛亮与周瑜想火攻曹操水军，但冬季只有西北风而无东南风，深知天文知识的诸葛亮正是利用这一点麻痹曹操，他算定甲子日开始将刮三天东南大风。届时依计而行，结果火凭风势，风助火威，孙刘联军的一把大火便大破曹军于赤壁。

其次，稳步推进，积小胜为大胜。办事应循序渐进，不可急于求成，只有稳步推进，积小胜为大胜，成功才能有一个坚实的基础，才能避免倾覆之危险。

在曹、孙、刘三支力量的对比中，刘备虽处于劣势，但刘备在诸葛亮的辅佐下，先取荆州为事业的起点，后取天府之国益州作为事业的根本，进而西伏孟获等蛮荒之众，北掠陇西等战略要地，终于实力大增，在后来魏、蜀、吴三国鼎立之中，成为一支举足轻重的力量。

最后，精彩结尾，将理想变现实。千里行船，离码头虽仅一箭之遥，仍不算到达目的地；万言雄文，在结尾若有一句冗词，也称不上精彩文章。办事也是如此，如果前紧后松，草草收场，很可能胜券在握之事竟流于失败结局。我们办事必须像飞行员远航归来一样，只有完成最后一个制动动作，将飞机安然停在停机坪的预定位置上，才能算是完成一个精彩的起落。我们只有精神饱满、严肃认真地使事情精彩结尾，才算是真正将理想变为现实。

失败没什么，正确积极地看待失败，大方勇敢地与它过过招，做起事来并不难。

第十二章 长风破浪会有时，直挂云帆济沧海
——给希望无限的你

为自己的梦想护航

没有一种工作叫随便

每天送给自己一个希望

让信念导演你的人生

理想与现实，向左还是向右

未来从现在开始

不要让机会溜走

不展翅就永远失去了飞翔的可能

换一种思维，换一片天空

为自己的梦想护航

那天,我们几个人围坐在一起讨论起自己的将来。

花花抢先发言:"将来我想买好几百套的衣服,每天都不要穿重复的。我要把房间的四个角落都放上衣柜,分为春、夏、秋、冬四个季节。我还想养一只哈士奇,给它量身定制12套衣服,每个月都让它和别的狗不一样。"

葱头听了不耐烦地摇摇头:"就你那点理想,真俗气。"我和媛媛忍不住笑出了声。

花花不高兴了:"怎么俗了?那你的理想是什么,你说啊!"

葱头接着说:"将来我的理想是能在世界上很多的国家打工,每一年去不同的地方,在那里一边打工一边赚钱养活自己,然后再用闲暇的时间去观览那里的风土人情。如果我赚的钱够多,我还可以申请一所不错的大学继续深造。等我环游一周回来,你们就发现我的世界观整个都变了。到时候我就写一本书,那一下就火了啊!"

花花听了之后倒吸一口凉气:"对不起,请问你会几国语言?"

媛媛接下来说了她的理想:"我的理想简简单单,没有那么难以实现。我只想在我所接触的范围内,把每一件小事做好,友善地对待每一个人,能有利于事,能有利于人,能做到这些就很不容易了。如果有可能的话,我愿意做一名志愿者。"

这些是我的朋友们的理想,我的理想是什么呢?看来,我要好好规划下了。

妈妈对我说

其实，果果，妈妈相信你一定是个有自己想法的女孩，期待着你说出自己的想法。

"我做不到啊！我脑袋不行，完成这件事对我来说是不可能的"，你没有意识到你的自我降低是导致你站在别人身后的罪魁祸首。

"现在这样我已经很满足了，不需要再改变什么了"，这些安于现状的想法会扼杀你真正的愿望。

"能干的人那么多，根本不会有我的份"，害怕竞争令你不敢"妄想"。

"这不是我真正想要的，可是爸妈非得让我做，我不得不做"，这一类的托词让你相信自己不该再有梦想。

每个人的一生就好比一张白纸，你可以在白纸上用不同的色彩描画你未来的蓝图。但是，如果你存在以上的心理，那你只能漫无目的地画画，而你手中的画笔也会被人夺走，最后导致让别人替你画画。

这也导致了这样的一个结果，那就是：你永远只能跟在别人的身后，成为别人思想的附庸。

保罗·盖蒂在取得成功前有过三次失误。第一次是在保罗·盖蒂年轻的时候，他买下了一块他认为相当不错的地皮，根据他的经验和判断，这块地皮下面会有相当丰富的石油。他请来一位地质专家，对这块地进行考察。专家考察后却说："这块地不会产出一滴石油，还是卖掉为好。"盖蒂听信了地质专家的话，将地卖掉了。然而没过多久，那块地上却开出了高产量的油井。

保罗·盖蒂的第二次失误是在1931年。由于受到大萧条的影响，经济很不景气，股市狂跌。盖蒂认为美国的经济基础是好的，随着经济的恢复，股票价格一定会大幅上升。于是他买下了墨西哥石油公司价值数百万美元的股票。随后的几天，股市继续下跌，盖蒂认为股市已跌至极限，用不了多久便会出现反弹。然而他的同事们却竭力劝说盖蒂将手里的股票抛出，这些被大萧条弄怕了的人们的好心劝说，终于使盖蒂动摇了，最终将股票全数抛出。可是后来的事实证明，盖蒂先前的判断是正确的。

保罗·盖蒂最大的一次失误是在1932年。他认识到中东原油具有巨大的潜力，于是派出代表前往伊拉克首都巴格达进行谈判，以取得在伊拉克的石油开采权。和伊拉克政府谈判的结果是，他们获取了一块很有前景的地皮的开采权，价格只有几十万美元。然而在此时，世界市场上的原油价格产生了波动，人们对石油业的前景产生了怀疑，普遍的观点是，这个时候在中东投资是不明智的。盖蒂再一次推翻了自己的判断，令手下终止在伊拉克的谈判。

1949年盖蒂再次进军中东时，情况和先前已经大不相同，他花了1000多万美元才取得了一块地皮的开采权。

保罗·盖蒂的三次失误，使他损失了一笔又一笔的财富。他总结自己这些年的失败说："一个杰出的商人应该坚信自己的判断，不要迷信权威，也不要见风使舵。在大事上要有自己的主见，以正确的思维方法战胜一切！"

在以后的岁月中，保罗·盖蒂坚持己见，屡战屡胜，最终成为富豪。

爱因斯坦曾说：要是没有能独立思考和具有独立创造能力的个人，社会的向上发展就不可想象。社会需要具有独立思考和创造能力的人，这同时也是个人成功的必要条件，所以，如果你总躲在别人的背后，那么你只能一辈子碌碌无为。

有人说，朋友的建议是真诚而善意的，难道不应该听吗？父母的建议，尤其在重大事情上，难道不应该听取吗？当然，意见和建议都需要虚心地听取，但千万不能过分地依赖，否则就会失去自己。我们大可不必把自己的命运交给别人来决定，青少年要学会独立思考，要想成功必须把思考的权利掌握在自己手里。

果果的小心得

天上下雨地下滑，自己跌倒自己爬。不论是思考做事还是为人处世，需要的是自助自立的精神，而不是来自他人的影响力，也不能依赖他人。依靠他人，觉得总会有人为我们做任何事，所以不必努力，这种想法就像高纯度海洛因，会使我们在不知不觉中上瘾，最后自我毁灭。所以，要努力掌握自己的思维，做自己真正的主宰，为自己的梦想护航。

没有一种工作叫随便

"妈妈，我来帮你整理房间，好不好？"看到妈妈一个人在收拾房间，我主动要求帮妈妈做家务。

"好啊，谢谢果果。"对我的主动邀请，妈妈没有推辞，"那你就把窗户擦干净吧。"

"好。"我高兴地干了起来。

我拿起抹布，三下五除二就把窗户擦干净了："妈妈，你看，我都做完了。"

"嗯，我来看看。"妈妈高兴地走过来验收，"果果，不行哦，你做得很不认真啊。你看，玻璃上还有些水印，你没有用干报纸再抹一下吧。"

"哦，其实没关系，上面的水干了之后就好了。行，那一会儿我再用干报纸擦一遍吧。"我不以为然地说。

"看看你呦，窗户的边框还带着土，没有擦吧。"妈妈用不满意的口气对我说。

"哦，这是小地方，我忘了，没事，我一会儿把它擦干净。"我觉得有点不好意思了。

"还有窗台，你看看，上面的小摆件，你根本就没有擦，对吗？"妈妈按捺住她的不满意，再一次问我。

算了，我啥都不说了："妈妈，我返工一次吧。"

"果果，不要以为这些是小事。其实，很多小事中能反映一个人的素质呢。"妈妈语重心长地告诉我。

妈妈对我说

"这个嘛，差不多就行了！"

"我是做大事情的，那点小事别来烦我！"

"不就是一颗螺丝钉吗？有什么大不了的！"

这其实体现的就是细节问题，然而现实生活中不重视细节的人比比皆是，很多人心怀"大丈夫只扫天下，不扫一屋"的"抱负"，于是眼高手低，殊不知，"一屋不扫何以扫天下"？还有很多人动辄说"差不多""无所谓""没关系"，这样往往导致惨痛的结局。

一场决定性的战役将在国王理查三世和里奇蒙德伯爵亨利之间展开，这场战斗将决定谁统治英国。

战斗进行的当天早上，理查派了一个马夫去备好自己最喜欢的战马。

"快点给它钉掌，国王希望骑着它打头阵。"马夫对铁匠说。

"你得等等，我前几天给国王全军的马都钉了掌，现在我得找点儿铁片来。"铁匠说。

"我等不及了，国王的敌人正在推进，我们必须在战场上迎击敌兵，有什么你就用什么吧。"马夫不耐烦地大声叫道。

铁匠从一根铁条上弄下四个马掌，把它们砸平、整形，固定在马蹄上，然后开始钉钉子。钉了三个掌后，他发现没有足够的钉子来钉第四个掌了。

"我需要一个钉子，得需要点儿时间砸出一个来。"铁匠说。

"不行，我告诉过你等不及了，我听见军号了，你能不能凑合？"马夫急切地说。

"我能把马掌钉上，但是不能像其他几个那么牢固。"

"能不能挂住？"马夫问。

"应该能，但我没把握。"铁匠说。

"好吧，就这样，快点，要不然国王会怪罪到咱俩头上的。"马夫叫了起来。

两军开始交战了，理查国王冲锋陷阵，鞭策士兵迎战敌人。"冲啊，冲啊！"他喊着，率领部队冲向敌阵。远远的，他看见战场另一头几个自己的士兵退却了。如果别人看见他们这样，也会后退的，所以理查策马扬鞭冲向那个缺口，召唤士兵掉头战斗。

可是，还没等他走到一半，一只马掌掉了，战马跌翻在地，理查也被掀在地上。

理查还没有再抓住缰绳，惊恐的马就跳起来逃走了。理查环顾四周，他的士兵们纷纷转身撤退，敌人的军队包围了上来。

他在空中挥舞宝剑，"马！"他喊道，"一匹马，我的国家倾覆就因为这一匹马。"

他没有马骑了，他的军队已经分崩离析，士兵们自顾不暇。不一会儿，敌军俘获了理查，战斗结束了。

从那时起，人们就说：

少了一个铁钉，

丢了一只马掌；

少了一只马掌，

丢了一匹战马；

少了一匹战马，

败了一场战役；

败了一场战役，

失了一个国家。

所有的损失都是因为少了一个马掌钉。

英国国王理查三世在1485年的波斯战役中被击败。而莎士比亚的名句："马，马，一马失社稷。"使这一战役永载史册，同时也告诉了我们这样一个道理：虽然只是少了一颗钉子，却带来了巨大的危险。

细节不容忽视，老子曾说："天下难事，必做于易；天下大事，必做于细。"它实则告诉我们想成就一番事业，必须从简单的事情做起，从细微之处入手。

很多成功人士无不是重视细节的典范，著名的"经营之神"王永庆就是其中之一。

　　在事业之初，王永庆办了家米店，为了把米店经营好，王永庆尤为注重细节：他经常自己动手一点一点地将夹杂在米里的秕糠、沙石之类的杂物拣出来；他还为顾客实行送货上门的服务，在每次给顾客送米时，王永庆都细心记下这户人家米缸的容量，并且问明这家有多少人吃饭，有多少大人、多少小孩，每人饭量如何，据此估计该户人家下次买米的大概时间，记在本子上。到时候，不等顾客上门，他就主动将相应数量的米送到顾客家里。王永庆给顾客送米，并非送到了事，还要帮人家将米倒进米缸里。如果米缸里还有米，他就将旧米倒出来，将米缸擦干净，然后将新米倒进去，将旧米放在上层，这样，陈米就不至于因存放过久而变质。

　　本着这样的经营态度，王永庆的事业蒸蒸日上。他从小小的米店生意开始了他后来问鼎台湾首富的事业。细节成就了王永庆！

　　我们每一个人都要重视细节，不妨和细节做个朋友，让它成为我们一生都不可缺少的朋友！

果果的小心得

　　我以前总是觉得自己是做大事情的人，所以对一些小细节都不在意。妈妈常常批评我，我也不在意。通过这次帮妈妈干活我终于明白了，连小事情都不用心做，又怎么能做成大事呢！任何一种工作都不能用随便的态度来敷衍，既然决定要做，就一定要尽力做好。

每天送给自己一个希望

媛媛报名参加了市里的演讲比赛，为了拿到好名次，她每天早上都要早起半个小时练习，从不间断。

其实我并不觉得媛媛在演讲方面有什么天赋，因为她说话很少抑扬顿挫，基本上都是语气平平。即便是经过训练，可能效果也不会很好。

可是看得出来，媛媛对这个活动却很认真，因为这次活动是市里举办的，如果表现优秀，很有可能成为广播台或是电视台的小播音员。"如果我努力了，还有50%的希望，可是如果我不努力，就一点希望也没有了。所以我只能抓住这个机会，尽我最大的努力去争取。"媛媛这样对我讲，同时也这样鞭策自己。

到了周六日，媛媛也不和我们一起出去玩了，而是利用这个时间去听少年宫里的演讲知识讲座，做了一大堆的笔记，或者是找那里的老师，用一个下午的时间学习普通话的标准发音以及纠正演讲时的面部表情。

看着媛媛这样的忙碌，我们都觉得她很忙，可是她却乐在其中，也许是为自己的点点进步感到满足吧。人生好像就是这样，有了梦想，就有了动力；为了追求梦想，再苦再累也觉得不算什么了。

妈妈对我说

成功学大师拿破仑·希尔说："没有任何东西能够换取希望对于人的价值。当我们面对失败的时候，当我们面对重大灾难的时候，我们都应该将人生

第十二章 长风破浪会有时，直挂云帆济沧海——给希望无限的你

寄托于希望,希望能够使我们淡忘自己的痛苦,为我们汲取继续走向成功的力量。"

希望在任何时候都是一种支撑生命的力量。如果我们不放弃心中的希望,什么苦难都会被我们克服。第二次世界大战时期,在纳粹集中营里,一个叫安的犹太女孩写过这样一首诗:

这些天我一定要节省,虽然我没有钱可节省

我一定要节省健康和力量,足够支持我很长时间

我一定要节省我的神经、我的思想、我的心灵和我精神的火

我一定要节省流下的泪水

我需要它们安慰我

我一定要节省忍耐,在这些风暴肆虐的日子

在我的生命里我有那么多需要的

情感的温暖和一颗善良的心

这些东西我都缺少

这些我一定要节省

这一切,上帝的礼物,我希望保存

我将多么悲伤

倘若我很快就失去了它们

即使在随时都可能死去的时候,安仍然热爱着生命。她节省泪水,节省精神之火,用稚嫩的文字给自己弱小的灵魂取暖,用坚韧的希望照亮黑暗的角落。

很多人在绝望中死去,而这个当时只有12岁的小女孩安,终于等到了第二次世界大战结束,看见了新生的曙光。

希望是什么?是引爆生命潜能的导火索,是激发生命激情的催化剂。每天给自己一个希望,我们将活得生机勃勃、激昂澎湃,哪里还有时间去叹息、悲哀,将生命浪费在一些无聊的小事上呢?

每天给自己一个希望,我们就能够充满士气地面对自己的生活,而不是将时间花费在无尽的悲哀和苦闷上。生命有限但希望无限,每天给自己一个希

望，我们就能够拥有一个丰富多彩的人生。

希望来自一颗乐观豁达的心，有了一颗这样的心，无论面临多么恶劣的环境，都能够对未来充满希望。

在美国有一所小学，据统计，该校毕业生在当地警察局的犯罪记录最低，这是为什么？一位研究者通过对该校毕业生的问卷调查，得到了一个奇怪的答案——因为该校的学生都知道铅笔有多少种用途。

在这所学校，新生入学后接受的第一堂课就是：一支铅笔有多少种用途。在课堂上，孩子们明白了铅笔不仅有写字这种最普通的用途，必要时还能用来做尺子画线；作为礼品送人表示友爱；当作商品出售获得利润；笔芯磨成粉后可做润滑粉；演出时也可临时用于化妆；削下的木屑可以做成装饰画；一支铅笔按相等的比例锯成若干份，可以做成一副象棋，可以当作玩具车的轮子；在野外探险时，铅笔抽掉芯还能被当成吸管喝石缝中的泉水；在遇到坏人时，削尖的铅笔还能当作自卫的武器……

通过这一课，学生们懂得了：拥有眼睛、鼻子、耳朵、大脑和手脚的人更是有无数种用途，并且任何一种用途都足以使一个人生存下去。这种教育的结果是，从这所学校毕业的学生，无论他们的处境如何，都生活得非常快乐，因为他们永远对未来充满希望。

果果的小心得

一支小小的铅笔有无数种用途，它可以用来画线、做礼品、做润滑粉，甚至还可以用来自卫。同样，我们身体的每一部分比如眼睛和耳朵也有许多用途，任何一种用途都足以让我们生存下去。明白了这个道理，无论处境如何，我们都可以保持积极乐观的心态。

让信念导演你的人生

"果果,你的两只脚要夹紧,这样才可以爬上去。"葱头在下面冲着悬在铁杆上的我大叫,"你不能这样紧抓着杆,否则永远都爬不上去。"

我其实很羡慕会爬杆的同学,只是我一直都学不会。热情的葱头虽然说可以教我爬杆,不过也没有料想到我会到这等不开窍的地步,她说,教我爬杆比教我学物理还要更麻烦一些。

"不行,不行,我还是下来吧。"我很失望地从铁杆上溜了下来,心想我可能天生就是笨,似乎永远都学不会爬杆了。

很想中途放弃,只是葱头一直在旁边唠唠叨叨:"这有什么难的,你怎么就学不会呢?你一定是心理作用,没问题,一定可以学会的。等你能爬上去就知道爬杆有多好玩了。"

葱头的那几句话又说得我心里痒痒了:"葱头,真的不难吗?我就是爬不上去。"

"不要总想'我就是爬不上去',听我的,一点都不难,再试一次吧。"葱头鼓励我,"你要是爬上去了,我都觉得怪有成就感的。"

"好吧。"我决定再试一次。

我在爬杆的过程中,一个劲地在心里默念:果果一定可以爬上去,勇敢一点,不要不敢爬。

后来的结果就是:我爬上去了。

妈妈对我说

"这个人好厉害！"在观看比赛的时候，你为运动员们的精彩而发出由衷的赞叹。

"他是怎么取得那么多的成就的呢？"不管是看人物传记，还是看作品展览，这个问题都成了你心头的一个疑团。

"我能像他们那样吗？"你充满了憧憬，但似乎对自己又有些怀疑。

也许你就是他们其中的一个。对成功你有着期待，对未来你充满幻想，但是一旦回到现实，你又犹豫退缩，你不相信自己可以做到。

其实，未来掌握在你自己的手里，你要相信你完全可以创造自己的未来！而现实中，很多人最缺少的就是多给心灵一些鼓舞。

美国著名学者丹尼斯·威特勒教授通过对奥林匹克运动员、商业界总经理、宇航员、政府领导人等的多年研究，发现他们与普通人最大的区别就在于他们相信自己能够创造自己的未来。

威特勒教授告诉我们如果想和这些成功人士一样相信自己能够创造未来，其实也不难，只要遵照以下三方面去做就可以了。

首先，要敢于改变自己的命运。

一定听过一句话，叫作：种瓜得瓜，种豆得豆。事实上，我们所得的报酬取决于我们所做的贡献。你也许会因自己在生活中的位置或者荣获赞誉或者蒙受耻辱。有责任心的人关注的是那些束缚自己的枷锁，在关键时刻，宣告自己的独立。

乔·索雷蒂诺在市中心的贫民区长大，是一伙小流氓的头儿，并在少年教养院待过一段时间。但是，他一直记着一位中学教师对他在学术方面能力的信任。他觉得他成功的唯一希望就是抛开他那可怜的中学历史，完成学业。于是，他在20岁的时候重返夜校，继续在大学就读，并在那里以优异的成绩毕业。接着，他又全修了哈佛法学院的课程，成了洛杉矶少年法庭的一位出色法官。假如乔·索雷蒂诺没有勇气改变自己的命运，那么，这一切都是不会发生的。

其次，发现自己的才能，不屈服于任何人。

在莎士比亚的名剧《哈姆雷特》中，大臣波洛涅斯告诉他的儿子："至关重要的是，你必须对自己忠实；正像有了白昼才有黑夜一样，对自己忠实，才不会对别人欺诈。"波洛涅斯劝告儿子要根据自身最坚定的信念和能力去生活——去正视不同的世界，但是，必须尊重他人的权利。

然而，大多数人总发现自己处在犹豫之中。怎样做才能不虚度一生？怎样才能知道自己选择了恰当的目标呢？威特勒教授的研究结果和经历证实，与其让父母、老师、朋友或经济学家为我们制订长远规划，还不如自己来了解一下我们"擅长"做什么。

由于中学时成绩优秀，威特勒被安纳波利斯的美国海军专科学院录取了。当时，他发现在那里毕业将会是一场战斗。为了取悦父亲，他上了这个定向于工程学的专科学校。但是却不知不觉地远离了他天生喜爱的专业——通信和与人交往。后来的海军生活使他懂得了约束自己、调整目标和协调工作。但是，找到他真正喜爱的能够显示自己才能的职业却花费了将近30年。

最后，要适应而不是逃避现实。

一个人的能力与一个人的学习、思想和身体素质紧密相关。处于重压之下，许多人会变得沮丧，失去对生活的向往和追求，最后沉溺于游戏、武侠小说等。虽然游戏和小说可以暂时转移我们的注意力，减少我们对失败和痛苦的畏惧心理，但也阻碍了我们去学会承受这些压力。

适应压力的最好方法之一就是简单地把它们作为正常的东西加以接受。生活中的逆境和失败，如果我们把它们作为正常的反馈来看待，就会帮助我们增强免疫力，防御那些有害的反应。

果果的小心得

未来在我们自己的手里，只有失败者才会乞求机遇降临，而成功者则永远致力于创造未来、寻找机遇。不管何时，我们都要对成功充满期待，相信自己可以做到！

理想与现实，向左还是向右

说来也奇怪，其实我有过很多的幻想，但是却总是觉得没有一件是可以实现的。我曾经梦想过要把历史上有名的诗、词、曲各背100首，还想过要在某一天把周围所有的植物名称都记下来，还想过每天早上都可以坚持五点半起床，利用早上安静的时间晨读，还想过要把好玩的卡通画都集在一个本子上……

但是，总之，我想法中的种种，从来没有一样是可以真的实现的，连我自己都没有勇气给自己制订计划了。

妈妈告诉我人不可以总是耽于幻想，否则再美好的计划也不能实现，一定要付诸实践，哪怕一天只做一点点，天长日久积累起来，数量也是很可观的，"不积跬步，无以至千里，不积小流，无以成江海"，就是这个道理吧。

妈妈对我说

"明天是周六，我想去书店买书！"

"这个周末，我们去敬老院吧！"

"妈妈，咱们家的花园长杂草了，明天我帮你一起除草吧！"

和很多人一样，你总是计划得好好的，可是最终完成的却没有几件。最后你还要找出各种各样的理由来为自己解释。

"临时有事，太忙了！"

"我忘了！下次吧！"

于是，自然地，你又重复着口头演说，而最终毫无行动。因为在内心深处，你从来没有意识到行动的重要性，所以你总是不愿意去行动。

人有两种能力，思维能力和行动能力，很多人总是达不到自己的目标，往往不是因为思维能力，而是因为行动能力。

在偏远地区有两个人，其中一个贫穷，一个富裕。

有一天，穷人对富人说："我想到南海去，您看怎么样？"

富人说："你凭借什么去呢？"

穷人说："我有一个水瓶、一个饭钵就足够了。"

富人说："我多年来就想租条船沿着长江而下，现在还没做到呢，你凭什么去？"

第二年，穷人从南海归来，把去过南海的事告诉富人，富人深感惭愧。

这个故事说明了一个很简单的道理：说一尺不如行一寸。

俄国著名剧作家克雷洛夫说："现实是此岸，理想是彼岸，中间隔着湍急的河流，行动则是架在河上的桥梁。"

杰米是个很普通的年轻人，20多岁，有太太和小孩，收入并不多。

他们全家住在一间小公寓里，夫妇两人都渴望有一套自己的新房子。他们希望有较大的活动空间、比较干净的环境、小孩有地方玩，同时也增添一份产业。

买房子的确很难，必须有钱支付分期付款的首付款才行。有一天，当他签发下个月的房租支票时，突然很不耐烦，因为房租跟新房子每月的分期付款差不多。

杰米跟太太说："下个礼拜我们去买一套新房子，你看怎样？"

"你怎么突然想到这个？开玩笑，我们哪有能力。可能连首付款都付不起！"他的太太非常怀疑他的话。

但是他已经下定决心："跟我们一样想买一套新房子的夫妇大约有几十万，其中只有一半能如愿以偿，一定是什么事情才使他们打消这个念头。我们一定要想办法买一套房子。虽然我现在还不知道怎么凑钱，可是一定要想办法。"

下个礼拜他们真的找到一套两人都喜欢的房子，朴素大方又实用，首付款是1200美元。他知道无法从银行借到这笔钱，因为这样会妨碍他的信用，使他无法获得一项关于销售款项的抵押借款。

可是皇天不负有心人，他突然有了一个灵感，为什么不直接找包销商谈，向他借私款呢？他真的这么去做了。包销商起先很冷淡，由于杰米一再坚持，他终于同意了。他同意杰米把1200美元的借款按月偿还100美元，利息另外计算。

现在他要做的是，每个月凑出100美元。夫妇两个想尽办法，一个月可以省下25美元，还有75美元要另外设法筹措。

这时杰米又想到另一个点子。第二天早上他直接跟老板解释这件事，他的老板也很高兴他要买房子了。

杰米说："老板，你看，为了买房子，我每个月要多赚75美元才行。我知道，当你认为我值得加薪时一定会加，可是我现在很想多赚一点钱。公司的某些事情可能在周末做更好，你能不能答应我在周末加班呢？有没有这个可能呢？"

老板对于他的诚恳和雄心非常感动，真的找出许多事情让他在周末工作10小时。杰米和他的家人也欢欢喜喜地搬进了新房子。

显然，杰米能买到新房子，是他坚持行动的结果，行动让他的想法有了实现的机会。

当列车呼啸而过时，你一定觉得很壮观，但倘若没有行动的车轮，它又如何飞驰？生命也是如此，想让生命的列车启动，唯有行动！而行动无疑成了生命乐章中最动听的音符。

果果的小心得

只有行动才会产生结果。行动是成功的保证。任何伟大的目标，伟大的计划，最终必然落实到行动上。所以，不要只是憧憬，不要只是计划，对于要做的事情，就应该积极地行动起来，行动才能使一切成为可能。

未来从现在开始

"果果,你不是说从这周开始要去图书馆学习吗?怎么还不去啊。"妈妈问我。

我懒洋洋地赖在床上:"今天不想去了,从下周开始吧。"

"又拖到下周了?"妈妈用很重的语气重复了一遍我的话,"好吧,但是现在都几点了,你该起床了吧?你可是说过的,不再睡懒觉了。"

"我要再睡一会儿再起。"我想再赖会儿床。

妈妈看我这个样子,就坐在旁边对我说:"果果,你看,你给自己安排的计划总也实现不了,你知道原因是什么吗?"

"嗯……"

"你制订了计划是很好,但是不容易实现,因为有很多事情都是今天推明天,明天推后天,慢慢地你就会把它们扔到脑后。这样的习惯最要不得了。"

"嗯,好吧,我现在就起床按照计划去图书馆学习。"我高兴地接受了妈妈的建议。

妈妈对我说

果果,以前有一首特别有名的诗,不知道你是否记得:
明日复明日,明日何其多!
我生待明日,万事成蹉跎。
世人皆被明日累,明日无穷老将至。

晨昏滚滚水东流，今古悠悠日西坠。

百年明日能几何？请君听我《明日歌》。

这是明代钱福写的一则《明日歌》，相信大家并不陌生。这首歌旨在告诫人们珍惜今日。珍惜当下，不要将事情拖到明日去做，明日复明日，长此以往，万事皆成蹉跎。

与之相对应，明代文嘉又写了一则《今日歌》，内容为：

今日复今日，今日何其少！

今日又不为，此事何时了？

人生百年几今日，今日不为真可惜。

若言姑待明朝至，明朝又有明朝事。

为君聊赋《今日诗》，努力请从今日始。

特蕾莎修女和他们的思想一样，她说，世界上最美好的一天就是"今天"。为了把握好生命中的每个今天，特蕾莎修女为"今天"做了详尽的安排：

早上4点半，起床，做默想和晨祷。6点钟参加清晨弥撒，然后做杂务——有时是打扫院子，有时是清理厕所。7点半吃早点。8点钟开始服务工作——有时去麻风病院照顾病人；有时去安息之家服侍和安慰垂死者；或者去弃婴之家照料孩子；或者去贫民区帮助穷人；或者到医院、学校去查看，每一天她都会去不同的处所服务。对她而言，只要是对人有帮助的事，就没有一件是卑下的。

中午，午饭后休息半小时。

下午，参加一小时的集体祈祷，然后读《圣经》，或其他神修著作，接下来处理修会的杂务。有时候修会来很多客人，人们急切地等着见她。她没有会客室，就站在教堂外的走廊里和客人说话。

晚上，晚饭后半小时做杂务，然后参加集体敬拜圣体的仪式，最后以集体晚祷结束一天。夜里10点钟，修女们就寝之后，她还必须在那间只有一桌一椅的斗室里继续工作——有许多来自世界各地的信件等着她处理，她必须持续工作到深夜。

时间对特蕾莎修女来说是极其宝贵的，以至于吃饭都被她认为是对时间的一种浪费。她甚至付诸行动把一日三餐减为一日一餐，致使教皇亲自出面干涉，她才不得不放弃。

我们知道，时间对每个人都是公平的。历史上凡是有成就的人都是善于抓住"今天"的人。

人们问富兰克林："你怎么能做那么多的事呢？""您看看我的时间表就知道了。"他的作息时间表是什么样子的呢？5点起床，规划一天事务，并自问："我这一天要做些什么事？"上午8点至11点，下午2点至5点，工作。中午12点至1点，阅读、吃午饭。晚6点至9点，吃晚饭、谈话、娱乐、检查一天的工作，并自问："我今天做了什么事？"

朋友劝富兰克林说："天天如此，是不是过于……""你想爱生命吗？"富兰克林摆摆手，打断朋友的话："那么别浪费时间，因为时间是组成生命的材料。"

正像李大钊所说，我以为世间最宝贵的就是"今"，最容易丧失的也是"今"，因为它最容易丧失，所以更觉得它宝贵。时间并不能像金钱一样让我们随意储存起来，以备不时之需。我们所能使用的只有被给予的那一瞬间，也就是今日和现在。如果我们不能充分利用今日而让时间白白虚度，那么它将一去不返。

比照他们，我们又在做什么呢？"就还有这么点，明天再说吧！""这么多，反正今天也做不完，明天再继续吧！""这个不着急，明天再开始也不晚。"诸如此类的话几乎成了我们的口头禅。这样日复一日，最后我们发现堆积在我们手上的工作越来越多，不知道该从哪儿下手。其实，所谓"今日"，正是"昨日"计划中的"明日"；而这个宝贵的"今日"，不久将成为遥远的过去。对于我们每个人来讲，得以生存的只有现在——过去早已消失，而未来尚未来临。昨天，是张作废的支票；明天，是尚未兑现的期票；只有今天，才是现金，是有流通性的有价值之物。

不要肆意挥霍你手中最珍贵的今天，在我们还可以自由地支配它的时候，让它发挥最大的作用，成就自己青春的梦想。

成功人士的做事秘诀是：抓住现在，不要留恋过去，也不要把该做的事推到未来。

果果的小心得

今天该做的事拖延到明天，然而明天也无法做好的人，占了大约一半以上。不能做好今天的事，就可能无法做大事，也可能永远无法成功。所以，应该经常抱着"必须把握今日去做完它，一点也不可懒惰"的想法去努力才行。

不要让机会溜走

"果果，这么简单的题目，你难道不会吗？"老师匪夷所思地望着我。

"啊！"我吃惊地张大了嘴巴，这样简单的题目，我怎么会做错了呢？哎！当时粗心了，"老师，这道题我真会……"

"在这个地方失分就太可惜了。"老师的谆谆教诲让我无地自容，"这道题目根本就没有难度，完全就是给分的题，你竟然做错了。"

如果这道题目我没有做错的话，可以多得6分。

我曾经下过多少次决心，自己都不记得了。我一遍又一遍地告诉自己：这种不应该扣分的题，一定要拿到分数，可是我总是错过这样拿分的机会。

考试是如此，没有抓住给分的机会，自然成绩不会理想。其实，生活中的很多事情，又何尝不是如此呢？当花花拉着我逛街的时候，我就失去了学习的时间。

机会就在眼前，怎么去做，需要自己把握。

妈妈对我说

"答案怎么是这个！太奇怪了！"

"都怪我自己！我怎么没想到这个才是最正确的呢？"

"你看你看！我就说你当时就不能选这个，现在后悔了吧？"

很多人会有这样的体会，在做题目时明明自己小心了再小心，可是答案最后还是选错了，尤其是在做逻辑分析题时，正确的概率就更小了。其实这是因为题目具有一定的隐藏性，答案就像和你做起了捉迷藏的游戏，你要给自己一双慧眼，能够敏锐地洞察，否则那个神秘的答案终究不肯出现。

或者是在旅行时，为了找一条风景更优美的路，在看起来幽静美丽的林荫道与一条杂乱无趣的路之间，往往很多人容易选择前者，而后者却很可能在百步之后便会发现是风光无限。

非洲的草原上，一匹狼气喘吁吁地跑着，三个昼夜的躲藏和奔跑已经让它随时有倒下的可能了。它的汗水流下来，一滴一滴地掉在身下肥沃的土地上，滋润着绿油油的小草。它的舌头向外伸着，它的腿像灌满了铅，饥饿、疲劳牢牢地抓住了它，但它偶尔回头时那坚定的眼神似乎在告诉那个穷追不舍的狩猎者：我不会放弃最后一丝希望。

这是一个经常狩猎的富翁，虽然惊叹于狼的坚韧，但他依然紧紧地跟着这只疲惫的狼。

狼愈来愈慢，最后被迫到了一个类似于"丁"字形的岔道上，此时，正前方是迎面包抄过来的向导，他也端着一把枪，狼夹在中间。富翁以为这匹狼会选择岔道，谁知，这匹狼并没有这么做，而是出人意料地迎着向导的枪口冲过去。狼在夺路时被捕获，它的臀部中了弹。

这让富翁十分费解：狼为什么不选择岔道，它冲向向导是准备夺路而逃？难道那条岔道比向导的枪口更危险吗？

面对富翁的迷惑，向导说："埃托沙的狼是一种很聪明的动物，它们知道只有夺路成功，才能有生的希望，而选择没有猎枪的岔道，必定死路一条，因为那条看似平坦的路上必有陷阱，这是它们在长期与猎人周旋中悟出的道理。"

这不由得让富翁陷入了沉思。

坐在草地上，回想历次的狩猎，富翁第一次感到如此触动。过去，他曾捕获过无数的猎物——斑马、小牛、羚羊甚至狮子，这些猎物大多被当作美餐，然而只有这匹狼却让他产生了"让它继续活着"的念头。

就在向导要剥下狼皮的那一瞬，富翁制止了向导。他问："你认为这匹狼还能活吗？"向导点点头。富翁打开随身携带的通信设备，让停泊在营地的直升机立即起飞，他想救活这匹狼。

直升机载着受了重伤的狼飞走了，飞向500千米外的一家医院。

据说，那匹狼最后被救治成功，如今在纳米比亚埃托沙森林公园里生活，所有的生活费用由那位富翁提供，因为富翁感激它告诉他这么一个道理：在这个相互竞争的社会，真正的机会也会伪装成陷阱。

所以，在选择之前，一定要给自己一双慧眼去做出正确的选择，不要让机会从你眼前溜走。

果果的小心得

很多时候，答案往往具有隐藏性，这就需要每个人都睁大慧眼，做出正确的选择。只有这样，才能既尽可能减少错误，又不错失机会，从而到达成功的终点。

不展翅就永远失去了飞翔的可能

今年的暑假我们想组团来一次"冒险"的活动：去很远的地方旅行。不知道妈妈是否能够放心呢。

回到家，我就和妈妈商量这件事情："妈妈，暑假的时候，我想和几个同学一起出去旅行半个月，您能放心吗？"

"果果，你们要去哪里啊？妈妈真有点不放心啊！"妈妈听了我的话，感到很吃惊。

"其实没有什么，就是大家在一起玩玩啊。"我真怕妈妈不答应我，"没问题的，又不是只有我一个人。"

"那好，果果，其实大家一起出去，独立生活一下，锻炼锻炼也好。不过，妈妈希望你们不要离家太远了，好吗？"

"嗯，我们一定找一个既安全又好玩的地方。"我信誓旦旦地向妈妈保证，"我到了那里之后帮你买纪念品吧。"

"好啊。"妈妈笑着答应了我。

妈妈对我说

果果，听说你们要出去独自旅行，刚开始我很不放心，后来我想，有一个独自在外闯荡的机会也不是坏事，这样你也可以接触到更广阔的视野，还可以锻炼自己的胆量。

打个比方：一只鸟儿，倘若不展翅，就永远失去了飞翔的可能。曾经有一个小男孩将一只鹰蛋带回他父亲的养鸡场，他把鹰蛋和鸡蛋混在一起让母鸡孵化。于是一群小鸡里出现了一只小鹰。

小鹰与小鸡一样过着平静快乐的生活，它根本不知道自己与小鸡有什么不同。慢慢地，小鹰越长越大。

一天，它看见一只老鹰在养鸡场上空自由展翅翱翔，小鹰十分羡慕，它多想像老鹰一样飞上天空，去感受一下高处俯瞰的美妙，但是小鹰又觉得害怕："可是我从来没有张开过翅膀，没有飞行的经验，如果从半空中坠下岂不会摔得粉身碎骨？"

经过一阵紧张激烈的内心斗争，小鹰终于决定甘冒粉身碎骨的风险，也要展翅高飞一下。随着两翼涌动出的一股奇妙的力量，小鹰成功了，它飞上了高高的蓝天，小鹰惊喜地发现：世界是如此的广阔和美妙！

很多人都希望成功，但在千千万万人当中，只有少数的人才能取得成功，原因何在？其实很多人都并非能力的问题，他们完全可以像鹰一样翱翔蓝天，而他们却因为缺乏冒险的勇气和精神，于是缩手缩脚、患得患失。最后，就只能像小鸡一样默默无闻，一辈子蜷缩在农场的那一小片天空下。

人生本身就是一场冒险。如果你贪图安逸，希望过着宁静的生活，这固然没有错，但却也因此会与成功失之交臂。因为只想维持现状便意味着原地踏步，不求进步，这时如何奢望成功的到来呢？

很多时候，成功的机会往往与风险并存，要想抓住成功的机会，就得学会冒险，否则，就会丧失许多可能是人生重大转折的机会，从而使自己的一生平淡无奇，毫无建树。当然，敢于冒险的人并不一定个个成功，但成功者当中，很多是因为他们敢于冒险。

有一次，摩根旅行来到新奥尔良，在人声嘈杂的码头，突然有一个陌生人从后面拍了一下他的肩膀，问："先生，想买咖啡吗？"

陌生人自我介绍说，他是一艘咖啡货船的船长，前不久从巴西运回了一船咖啡，准备交给美国的买主。谁知美国的买主却破了产，不得已，只好自己推销。他看出摩根穿戴考究，一副有钱人的派头，于是决定和他谈谈这笔生意。为了早日脱手，这位船长说，他愿意以半价出售这批咖啡。

摩根看了货。经过仔细考虑，他决定买下这批咖啡。当他带着咖啡样品到新奥尔良的客户那里进行推销的时候，大家都劝他要谨慎行事，因为价格虽说低得令人心动，但船里的咖啡是否与样品一致却还很难说。但摩根觉得，这位船长是个可信的人，他相信自己的判断力，愿意为此而冒一回险，便毅然将咖啡全部买下了。

事实证明，他的判断是正确的，船里装的全都是好咖啡。摩根成功了。

就在摩根买下这批货不久，巴西遭受寒流袭击，咖啡因减产而价格猛涨了2~3倍。摩根因此而大赚了一笔。

果果的小心得

同样的情况下，相同的机遇，只有敢于冒险的人才善于把握，最后获得成功。很多人在机遇面前过于谨慎，虽然小心谨慎并没有什么不好，但过于谨慎往往让你很容易错失机遇，这就像一个笑话里所说的：有天晚上，机会来敲某人的门，当这个人赶忙关上报警器，打开保险锁，拉开防盗门时，它已经走了。如果不展翅，我们将永远失去飞翔的可能，所以，为了一览无余，不妨多一点冒险精神！

换一种思维，换一片天空

一位孤独的年轻人正靠着一棵树晒太阳。他衣衫褴褛，眼光呆滞，不时有气无力地打着哈欠。一位老人恰巧经过这里，好奇地问："年轻人，如此好的阳光，你不去做你该做的事，却在这里晒太阳，岂不辜负了大好时光？"

"唉！"年轻人叹了一口气说，"在这个世界上，我只有一个躯体，除此之外，一无所有。我又何必去费心费力地做一些事情呢？每天晒晒我的躯体，就是我做的所有事了。"

"你没有家？"

"没有。有家庭多累啊，还要承担很多责任，不如干脆没有。"年轻人说。

"你没有你所爱的人？"

"没有，与其爱过之后便是恨，不如干脆不去爱。"

"没有朋友？"

"没有。反正得到了还会失去，不如干脆没有朋友。"

"你不想去赚钱吗？"

"不想。反正挣了钱也会花掉，何必劳心费神动躯体呢？"

"噢，"老人沉思了一会儿说，"看来我得赶快帮你找根绳子。"

"你找绳子？干吗？"年轻人好奇地问。

"帮你自缢！"

"自缢？你想让我死？"年轻人惊诧了。

"对！人有生就有死，与其生了还会死去，不如干脆就不出生的好。你不觉得你的存在很多余吗，自缢而死，不是正合你的逻辑吗？"

这是我在杂志上看到的一篇小短文，总是觉得故事中的这个人脑筋有问题，如果所有的人都按照他的这种逻辑，都不学习、不工作了，那生活还有什么亮点呢？生命的精彩之处又在哪里呢？人活在世界上，如果都像他这样的话，生和死就没有任何区别了。

如果换一个角度来考虑问题，相信他一定不会这么悲观。

妈妈对我说

多少人一头钻进了思维的死胡同，最后被思维牢牢地束缚。在为难事一筹莫展的时候，不妨换一种思维，这时你会发现眼前的困难会变得不值一提，心灵的天空也会瞬间变得明亮。

曾经有两个同样生产皮鞋的公司，我们暂时称为A公司和B公司，为了寻

找更多的市场，两个公司都往世界各地派了很多销售人员。这些销售人员不辞辛苦，千方百计地搜集人们对鞋的各种需求信息，并不断把这些信息反馈回公司。

有一天，A公司听说在赤道附近有一个岛，岛上住着许多居民。A公司想在那里开拓市场，于是派销售人员A到岛上了解情况。很快，B公司也听说了这件事情，他们唯恐A公司独占市场，赶紧也把销售人员B派到了岛上。

两位销售人员几乎同时登上海岛，他们发现海岛相当封闭，岛上的人与大陆没有来往，他们祖祖辈辈靠打鱼为生。他们还发现岛上的人衣着简朴，几乎全是赤脚，只有那些在礁石上采拾海蛎子的人为了避免礁石硌脚，才在脚上绑上海草。

两位销售人员一到海岛，立即引起了当地人的注意。他们注视着陌生的客人，议论纷纷。最让岛上人感到惊奇的就是客人脚上穿的鞋子。岛上人不知道鞋为何物，便把它叫作脚套。他们从心里感到纳闷：把一个"脚套"套在脚上，不难受吗？

A看到这种状况，心里凉了半截，他想，这里的人没有穿鞋的习惯，怎么可能建立皮鞋市场？向不穿鞋的人销售鞋，不等于向盲人销售画册、向聋子销售收音机吗？他二话没说，立即乘船离开了海岛，返回了公司。他在写给公司的报告上说："那里没有人穿鞋，根本不可能建立起皮鞋市场。"

与A的态度相反，B看到这种状况时却心花怒放，他觉得这里是极好的市场，因为没有人穿鞋，所以鞋的销售潜力一定很大。他留在岛上，与岛上人交上了朋友。

B在岛上住了很多天，他挨家挨户做宣传，告诉岛上人穿鞋的好处，并亲自示范，努力改变岛上人赤脚的习惯。同时，他还把带去的样品送给了部分居民。这些居民穿上鞋后感到松软舒适，走在路上他们再也不用担心扎脚了。这些首次穿上了鞋的人也向同伴们宣传穿鞋的好处。

这位有心的销售人员还了解到，岛上居民由于长年不穿鞋的缘故，与普通人的脚型有一些区别，他还了解了他们生产和生活的特点，然后向公司写了一份详细的报告。公司根据这些报告，制作了一大批适合岛上人穿的皮鞋，这些皮鞋很快便销售一空。不久，公司又制作了第二批、第三批……B公司终于在岛上建立了皮鞋市场，狠狠赚了一笔。

同样面对赤脚的岛民，A公司的销售员认为没有市场，而B公司的销售员认为大有市场，两种不同的观点表明了两人在思维方式上的差异。简单地看问题，的确会得出第一种结论。而后一位销售人员却能够及时换一种思维角度，从而从"不穿鞋"的现实中看到潜在市场，并通过努力获得了成功。面对同一个市场，只要换一种思维角度就会看到不同的前景，只要换一种思维，不利的因素也会转换成有利的条件。

果果的小心得

仅仅因为换一种思维方式，把问题倒过来看，就能出现截然不同的结果，这绝不是偶然的现象，只要留心，我们就会发现生活中处处充满了类似的例子。在遇到难题时，换一种思维，往往就能峰回路转，柳暗花明。所以，当思维僵化时，给思维寻找另外一个方向吧！这是对自己的一个大挑战。